「食」の図書館

# カクテルの歴史

COCKTAILS: A GLOBAL HISTORY

JOSEPH M. CARLIN
ジョセフ・M・カーリン【著】
甲斐理恵子【訳】

原書房

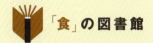

目次

## 第5章　カクテル文化　127

［……］は翻訳者による注記である。

# はじめに

わたしがカクテルのことを知ったのは、ティーンエイジャーのときだった。実際に口にしたのは、そのかなりあとである。アメリカで酒類の製造や販売が禁じられた禁酒法の時代、化学専攻の学生だったおじのフランクは、風呂桶でつくられたことから別名「バスタブ・ジン」とも呼ばれた密造酒の安全性を調べるアルバイトで学費を稼ぎ、大学を卒業した。検査に必要なのはごくわずかな量だったが、おじはいつも1リットル近く持ってこさせた。それが飲める代物でなかった場合は下水に流し、飲める出来だったときは、こっそりくすねて家へ持ち帰り、違法な酒でカクテルをつくったそうだ。

第2次世界大戦後、おじのアロイシャスはフィラデルフィアに酒場を開いた。肉体労働者が大半を占める男たちが目抜き通りからバーに流れ込み、カウンターの下にしつらえられた真鍮《しんちゅう》製の足掛けバーに片足を載せて飲む。足掛けの下には水が流れるタイル張りの樋があり、吐き出された噛みタバコの唾液を流し去る。そこに小便をする者までいたらしい。ビールをチェイサー［強い酒と交互に飲む水や軽い酒］にしてウイスキーを飲むのが人気で、鏡張りの壁の前に置かれた酒やソーダ水などのボトルはただの飾りと言ってよかった。

女性客は、横道から店の裏手の特別室に入った。「女性歓迎」という看板が店の脇の出入り口に掛かっていたことを覚えている。特別室なら、女性も夫や子供と食事やカクテルを楽しむことができたし、コーラスガールとかふしだらな女と陰口をたたかれる心配もなかった。

空軍に入隊するまで、わたしが好んで飲んだのは、バドワイザーというビールの350ミリリットルの首長ボトル、通称「ロングネック」だった。初めてのカクテルは、スピン・バーン・アンド・クラッシュ［きりもみ状態で火を噴いて激突するという意味］だったと思う。士官クラブで人気の飲み物で、比重が異なる数種類のアルコール飲料でつくられていた。比重の違いでそれぞれが層になるように、フルートグラスに静かにそっと注ぐのがこつだ。客に出す直前に火をつけ、客は炎のあがるそのカクテルをひと息に飲み干した。

本格的にカクテルを飲み始めたのは、ベトナム戦争中に兵役でバンコクに赴任していたときだ。仕事のあとは、いつまでも続くカクテル・パーティーが待っていた。士官クラブで飲むフローズン・ダイキリで長い夜が始まり、ジン・トニックがそれに続いた。当時のバンコクのナイトクラブでよくお目にかかった紫外線ライトの下では、ジン・トニックが青みがかった乳白色に見えたものだ。

戦争とアルコールに縁取られた混乱の時代が過ぎ去ると、現役のあいだはジン・ベースのオリーブ入りドライ・マティーニを飲んでいた。マティーニが3杯もつく贅沢なランチにつきあった時代もあったが、そんなことはかなり前にやめてしまった。現在は日曜日の午後、日本の映画をゆっくり観ながら、昔ながらのマンハッタンを1～2杯楽しむ程度だ。

末息子のバリーは、21歳の誕生日をフロリダ州キーウェストのジミー・バフェットのマルガリータヴィルのバーで祝った。ジミー・バフェットは有名なシンガーで、マルガリータヴィルは彼が経営するレストランだ。息子もわたしと同じようにカクテルに興味があるらしい。現在彼はマサチューセッツ州イプスウィッチの由緒ある名店、1640ハート・ハウス・レストラン・アンド・タヴァーンでチーフ・バーテンダーを務めている。

本書は、カクテルへの祝杯である。取引を結んで一日の仕事をしめくくったら、肩の力を抜いて仲間とのおしゃべりを楽しみ、遊びに興じよう。世界のどこへ行こうと、そんな夜のお供はカクテルだ。さあ、乾杯！

# 序章◉カクテルとは何だろう?

人間の歴史のほとんどの時代、アルコール飲料と言えば、それは醱酵させた穀物とブドウからつくるビールとワインを指した。アルコールの含有量は低かったが、その刺激を人々は楽しんだ。一説によると、アルコール飲料に関する限り人は非常に原始的な存在だったが、そこにカクテルが登場して状況が変わったという。ある意味で、カクテルは、わたしたち人類がいかに文化的かを示すバロメーターなのだ。カクテルは、洗練された、粋な、文明人のための飲み物なのである。

そもそもカクテルとは何だろう? 伝統的な手法や材料にこだわらず斬新なカクテルを生み出すバーテンダー、すなわちミクソロジストやバーの客は、こまごまと条件を並べるかもしれない。しかしカクテルとは、1種類もしくは2種類以上の蒸留酒と甘味料、果汁《ジュース》、ビターズと呼ばれる香味付けの苦味酒を混ぜて、それぞれの種類にぴったりのグラスでよく冷えた状態で出される飲み物と言えるだろう。中にはガーニッシュと呼ばれる果物の飾りをあしらったカクテルもある。

現在のカクテルは、比較的最近の発明品だ。カクテルの材料――アルコール度数の高い蒸留酒と熱帯のフルーツ――は、アメリカ独立戦争（1775～1783年）以前は大量に入手することも妥当な価格で購入することも難しかった。アフリカの奴隷貿易、カリブ海の豊富なサトウキビ、そしてアメリカで大量に栽培されたトウモロコシという重要な要素がそろって初めてカクテルが誕生したのである。19世紀初頭は、糖蜜やトウモロコシといった蒸留酒の材料を輸送するよりも、蒸留酒そのものを船便で取引するほうが安くついた。

北アメリカでは、またたく間に強い酒が流行した。18世紀前半に安価なジンが蔓延し、アルコール中毒者が大量に生まれた「ジンの伝染」を体験したイギリスと同じである。しかし、アメリカの元凶はジンではなく「悪魔のラム」と、別名「ジョン・バーレーコーン」ことモルトウイスキーだった。このアルコールの過剰摂取という霧の中で、カクテルが誕生したのである。

カクテルはもっともアメリカらしいアルコール飲料でありながら、もっとも世界的な飲み物でもある。独立革命後のアメリカで誕生したカクテルは、またたく間に世界の隅々まで広

ジョージ・ワシントンの誕生日を祝う1910年頃の絵はがき。ワシントンは子供の頃、桜の木を切り倒したが、「嘘はつきません」と父親に正直に話したという逸話がある。ワシントンはカクテルやサクランボのガーニッシュが普及する前の1799年に亡くなった。

まった。

本書をお読みの皆さんには、カクテルを片手に心地よい椅子に座り、この魅惑的な飲み物の広い世界をどうかゆったりと楽しんでほしい。

# 第1章 ● カクテル誕生

少なくとも1万年、ことによるとそれ以上前に、人類の祖先は狩猟採集生活から定住の農耕生活へと暮らし方を変えた。都市国家を築き、文字や数字を編み出し、人間の行為を取り締まる法律をつくった。それとほぼ同時期に、穀物や熟した果物やハチミツが酵母菌で醱酵し、アルコール飲料になることを発見した。

もちろん、太古の祖先は酵母について何も知らなかった。しかし彼らは、穀物を水に浸して静かに置いておくと、やがて泡立ち、間もなく独特な味わいの、飲むと気持ちが高ぶる液体が生まれることに気づいた。つぶしたブドウも同じように醱酵し、飲むと気分が大きく変わる液体に変化することを知った。それ以来、このビールとワインは人類には欠かせないアルコール飲料となり、醱酵した穀物やブドウから混じり気のない純粋なアルコールを抽出する方法が確立するまでそれは続いた。

## ◉蒸留の発見

ワインやビールのアルコール度数は比較的低めだが、それでも世界中の人々が好むしびれるような刺激がある。ワインとビールが発明されてから数百年後、低アルコールの液体が入った容器を加熱すると、純度の高いアルコールが気化することが発見された。この気体を集めてふたたび液体にする工程が「蒸留」であり、使用する道具はスチルと呼ばれる蒸留器だ。アルコール［エタノール］が気化する温度、すなわち沸点は水より22度低い78度なので、蒸発したアルコールを集めて管などに誘導して冷やし、少しずつ滴《したた》り落ちる液体を容器で受けると高い純度のアルコール飲料ができる。

この工程は古代ギリシア人やローマ人も知っていたが、蒸留器の精度が低かったために香水やエリキサという霊薬づくりに使うのが精一杯だった。紀元前322年に亡くなったアリストテレスは、「海水を蒸留すると飲料水になる。ワインや他の液体も同じ工程にかけることができ、それらは蒸気になって気化したあと、元の液体に戻る」と書き残している。(1)

インドやエジプト、中国でも、太古の時代にアルコール蒸留用の道具が発明されていたよ

中央アジアの蒸留器。1865 ～ 72年頃撮影。

うだ。初期アジア科学史研究家のジョセフ・ニーダムは、「モンゴル式スチル」をはじめ、いくつもの蒸留器の存在を突きとめた。「モンゴル式スチル」は、蒸留器の中に液化した蒸気を集める仕組み（受け皿）があった。「中国式スチル」は、受け皿から伸びる管が大きな容器につながっていた。「ムーア人の頭」という蒸留器の上部には底から管が突き出た円形の容器があり、そこで蒸気を集めて外側の受け皿へ誘導した。

さまざまなスチルの中でも、この「ムーア人の頭」で得られるアルコールの量と濃度がもっともすぐれていたらしい。イギリス人作家のジョン・バーデットは、著書『バンコク・エイト *Bangkok 8*』で、現代のタイの密造酒メーカーが使っている同種の装置に触れている。

蒸留のアイデアは、中東やインド、中国全域に伝わったのち、今度は新たな改良案がスパイス商人やシルクロード交易商によってローマやギリシア、エジプトへ持ちこまれた。

カクテルの歴史について何かを語ろうとするとき、いつ、どこで、誰によって発明されたのかという問題は、これまでも繰り返しテーマとなってきたし、これからもそうあり続けるだろう。この問題は、発明の手柄を自分のものにしたいという人間の――あるいは多くの人の集合体である国の――ごく自然な欲求によって、引き続きいっそう大きなものとなっていくと思われる。人は、名声を求め、経済的な利益を求め、国家としての威信を求め、あるいは単純に「不滅」を求めるものなのだろう。しかし、アルコール蒸留の歴史についてはわか

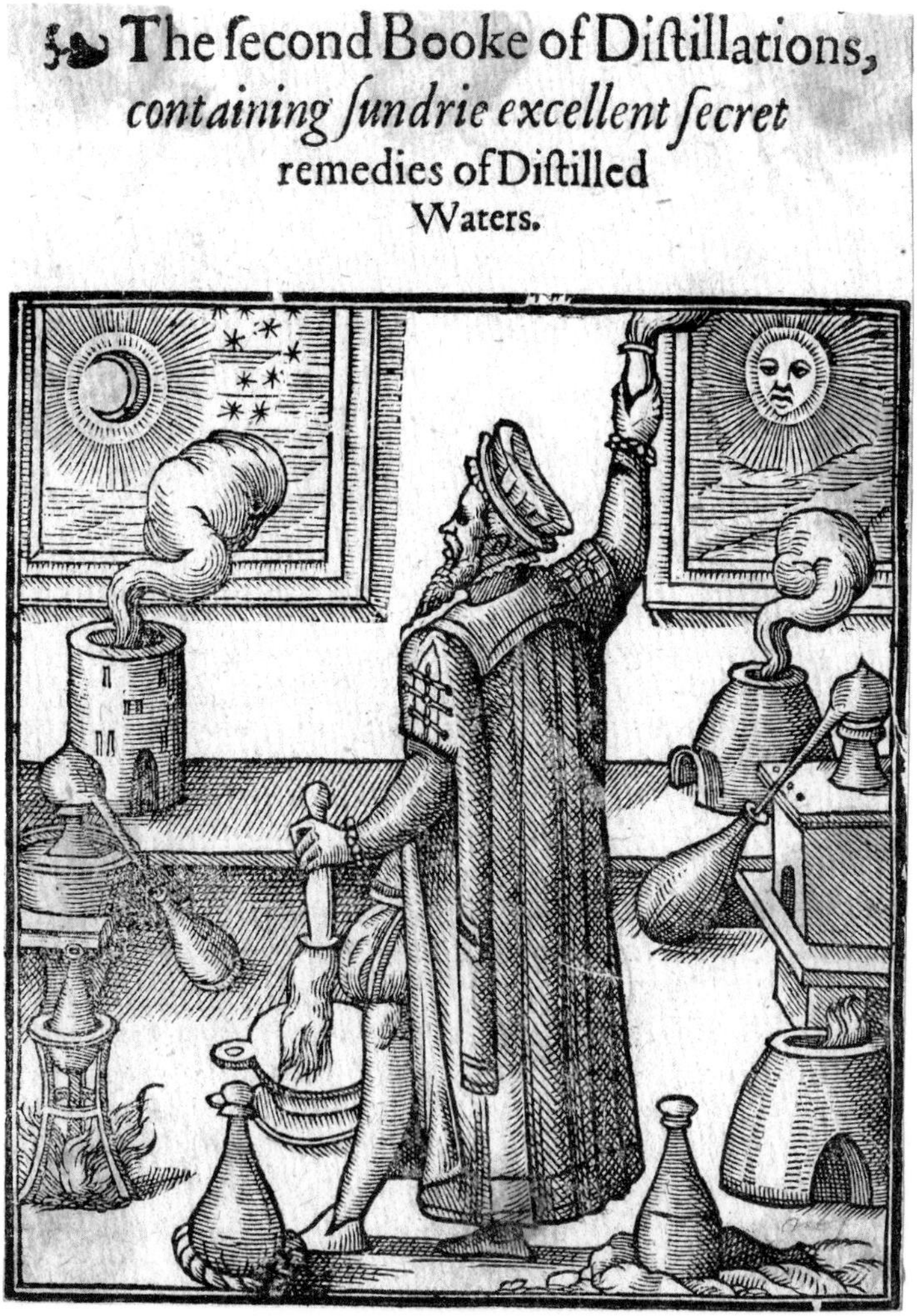


秘術の道具に囲まれた錬金術師。1599年の木版画。コンラード・ゲスナー著『新旧医学 *The Practise of the New and Old Phisicke*』第2部『蒸留第2巻 *The Second Booke of Distillations*』より。

らないことが多く、研究者たちはいまだにこの問題を追及し続けているのが実情だ。

初めてのアルコール蒸留がいつ、どこで、誰の手によってなされたにせよ、おそらく香水や医薬用に少量をつくるのがやっとだったに違いない。良質な純粋アルコールを大量に生産できるほど製造工程が拡大されるまでは、この技術は錬金術師の好奇心の対象の域を出なかったと思われる。

アルコールの蒸留技術を完成させた人物としてもっとも頻繁に名前があげられるのは、ジャービル・イブン・ハイヤーンだ。古都クーファ（現在のイラク）で医術と錬金術を手がけた人物である。化学の父のひとりに数えられ、西暦８００年頃に改良型の蒸留器を開発したとみなされている。錬金術——鉛のような金属を金に変える試み——の研究から、ハイヤーンはランビキと呼ばれる蒸留装置でアルコールをつくる工程を完成させた。ランビキの英語表記「アランビック alembic」も「アルコール alcohol」も、アラビア語に由来する。「スチル still」は、ぽたぽた滴るという意味のラテン語 distillare が語源だ。

## ◉ブランデー

フランスでは、スチルを使ってワインを蒸留し、アクア・ヴィータという濃縮液をつくっ

シーク教徒を描いた水彩画。液体を蒸留する男と、それを飲む男。19世紀のインドの名作選より。

た。アクア・ヴィータには薬効があると考えられていたが、それももっともな推測だった。というのも、古代ギリシア人やローマ人はワインは薬になると讃えていたためだ。ワインを濃縮することで薬効がより強くなると結論づけたとしても、根拠のない盲信とまでは言えないだろう。

1300年頃、フランスのモンペリエの医学校で教鞭を執っていたヴィラノーヴァのアルノルドは、アクア・ヴィータは不老不死の水であり、なぜなら「寿命を延ばし、不機嫌を遠ざけ、心臓をふたたび活性化させ、若さを維持する」ためだ、と書き記している。(2) アクア・ヴィータは、オランダ語ではブランデウィン（brandewijn 焼いたワインの意味）、英語ではブランデーと呼ばれた。初期のブランデー生産の中心地のひとつが、コニャックという都市だ。ブランデーは大人気を博し、ビールやワインのようなアルコール度数の低い酒以上に好まれた最初のアルコール飲料のひとつとなった。

おもしろいことに、ブランデーが体に良いという考え方は20世紀まで続いた。ボストン料理学校の校長で、1905年に子守や介護者の手引き書を出版したファニー・ファーマーは、ブランデーはアルコール飲料の中でもっとも薬効があると考えた。そのため、脈が弱いときや慢性高血圧、神経衰弱、体の震えや譫妄《せんもう》状態、ショック状態や思いがけない事故の際にはアルコール飲料を飲むことを推奨した。また、「550〜600ミリリットルのブランデー」

「差し押さえられた最大のスチル」（1922年撮影）。禁酒法時代、ワシントンDCで差し押さえられた最大のスチルとともに写真に収まる警官と税関事務員。

は「毎日飲んでも酔うことはない」と平然と助言している。それほどの量でも酔うことがないとは、ファーマーはいったい何を飲んでいたのだろう？

やがて、ワインにブランデーを加えると酸化による酢への変化を防ぐことができるとわかった。使用するブドウの種類や醱酵時間等、さまざまな条件を管理することで、スペインのワイン醸造家はシェリー酒を、ポルトガルの醸造家はポート・ワインを生み出した。このふたつはブランデーを加えてアルコール度数を高めているため、フォーティファイドワイン（アルコール強化ワイン）と呼ばれる。

間もなく、北アフリカ沿岸沖のマデイラ島のブドウから、マデイラワインと呼ばれるフォーティファイドワインがつくられた。この3つのフォーティファイドワインは食後酒として人気で、イギリス、北アメリカ、カリブ諸国の宿屋や酒場で提供された。フォーティファイドワインの登場後、ビールやワインよりもアルコール度数が高く、強い高揚感が得られる飲み物が好まれるようになる。

やがて、ジャガイモや麦芽等のデンプンがジンに、サトウキビや糖蜜がラム酒に、そしてトウモロコシやライ麦、大麦がウイスキーになることが発見された。度数の高いアルコール飲料の供給は増え続け、所得の低い人々も手が出せるようになった。安価でアルコール分の多い酒の普及はカクテル誕生に必要なつぎのステップだったが、それについては順を追って見ていこう。

●ジン

マティーニをつくるためにはジンを用意しなければならない。ジンは、大量生産によって一般大衆が買えるようになった初めての蒸留酒だ。ジュニパーベリー（学名 *Juniperus communis*）［ヒノキ科の針葉樹］で香り付けされたのは、安く製造された蒸留酒の嫌な味を隠すためだった。ジンは「ジュネーヴ」とも呼ばれるが、スイスが発祥の地というわけではない。ジュネーヴの名称は、フランス語でジュニパーベリーを意味する「ジェニエーヴル genièvre」に由来する。

ジンの生みの親は、オランダのライデン大学のフランツ・デ・レ・ボーエ医学博士（1614〜1672）だが、ラテン語名のシルヴィウスのほうが通りがいいかもしれない。本来は医薬品として薬局で調合されたジンは、またたく間にイギリス全土に広まり、「高貴な貧乏人」と呼ばれた。ジンで酔えば貧乏人でも王様のような気分になれたためである。[3]

イギリスでは18世紀前半に「ジンの伝染」が起こった。貧しい人々のあいだで安いジンが大流行したのだ。その時期、年間のアルコール消費量は750万リットルから約4200万リットルにはねあがっている。[4] イギリスの版画家のウィリアム・ホガースは、このアルコール過剰摂取の時代を「ジン・レーン」（1751年）という作品に描いた。絵の中央にいるのは梅毒にかかり階段でもうろうとしている女性で、かぎタバコに手を伸ばす彼女の腕から、子供が真っ逆さまに落ちている。

ジンの蔓延の初期に出版された、アイルランド人のジョナサン・スウィフトの風刺小説『ガリヴァー旅行記』には、イギリスの人々が野獣ヤフーとして登場する。彼らは外国から「ある種の液体」（蒸留酒）を輸入していた。これを飲むとヤフーは正気を失って「上機嫌に」なるのだ。

あらゆる憂鬱な気分から解放され、突拍子もない妄想が浮かび、希望が湧き、恐怖を忘れた。しばらく理性の働きが停止し、手脚は使えなくなり、ついには深い眠りに落ちた。ここでひとつ告白するが、わたしたちは目覚めているときはつねに気分が悪く、元気がない。この液体を飲んで、わたしたちは病に取り憑かれたのだ。生命を脅かし、寿命を削る病に。(5)

## ◉ラム酒

ブランデーやジン、フォーティファイドワインのほかにも、ヨーロッパや南北アメリカでのアルコールの消費量増加の要因となった酒がある。ラム酒だ。クリストファー・コロンブスの新世界発見に伴い、カリブ海の島々は砂糖の生産に最適な豊かな土地だということが明らかになった。やがて、ポルトガル人は約1100万人のアフリカ人を奴隷として強制的に祖国からカリブ海の島々へ連行し、砂糖農園で働かせるようになった。

バルバドス島では、糖蜜から「ブランデー」を安く製造できることが発見された。糖蜜とは砂糖の製造工程で生まれる副産物で、当時は使い道がなかった。当初、この焼けるような酒は「キルデビル（悪魔殺し）」と呼ばれたが、のちに「ランブリオン rumbullion」と称された（イギリス南部の俗語で、飲み過ぎたあげくの「どんちゃんさわぎ」を意味する）。この言葉がやがて短く縮まり「ラム rum」に変化した。

アメリカ独立革命後、カリブ海地域ではサトウキビが、アメリカではトウモロコシがだぶついていた。こうした農作物からは簡単にアルコール飲料をつくることができたので、市場に出回るラム酒やコーンウイスキーの量は急激に増加し、価格は下落した。安酒の普及は需要をますます喚起し、当然ながら飲み過ぎる人も増えた。アメリカもまた、泥酔の霧に包まれた。そこで生まれたのが、カクテルである。

### ◉カクテル誕生

「カクテル cocktail」という言葉が初めてイギリスに登場したとき、それは雑種だとわかるように尾（tail）を短く切り詰めた馬を指す単語だった。また、有閑階級と思われていたのにじつは礼儀作法がなっていない人物も意味した。強いアルコール飲料に他の材料を混ぜれば、それはまさに雑種なので、「雑種の馬」を意味する言葉が現在の「カクテル」に転じたとしても不思議ではない。

オックスフォード英語辞典に初めて掲載された飲み物の「カクテル」の用例は、１８０３年4月28日付けのファーマーズ・キャビネット紙の記事の一文だった。「カクテルをグラス一杯飲んだ――すると頭がすっきりした」。１８０６年5月13日付けのバランス・アンド・コロンビアン・レポジトリーというニューヨーク州ハドソンの新聞にも、カクテルという語が登場した。同紙の早版で読者が編集者に「カクテル」という言葉の使い方についてたずねている。

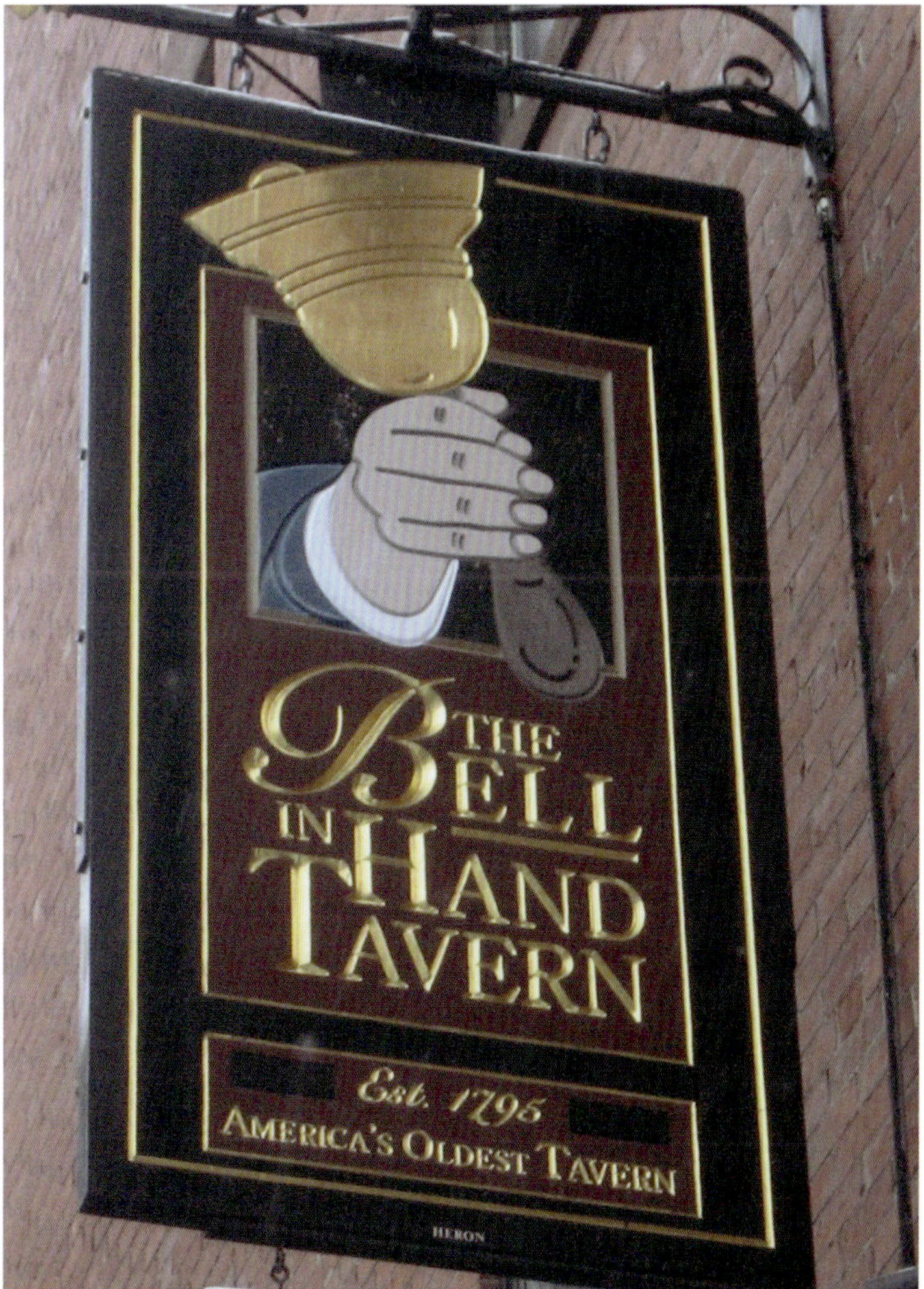


ボストンのベル・イン・ハンド・タバーンという居酒屋の看板。アメリカ最古と謳う数ある酒場のひとつ。

この飲み物がいったいどのようなものか、お教えいただけないでしょうか？……これまでの人生で……カクテルという言葉は聞いたことがありません。……この飲み物をつくる民主党員は逆さまにされて、尾があったところに頭が置かれるということでしょうか？

編集者はこう回答した。

カクテルとは刺激的な酒で、さまざまな蒸留酒、砂糖、水、ビターズでできています――くだけた言葉ではビター・スリングと呼ばれ、選挙運動には最適な飲み物と言えるでしょう。度胸のよさや勇敢さを与え、同時に酩酊させるからです。また、民主党候補者にはとりわけ役に立つという説もあります。グラス一杯のカクテルを飲んでおけば、なんでも飲み込むことができるためです。(6)

カクテルにまつわる記事が掲載された年にちなんで、1806年は、アメリカで生まれたこの酒の誕生年として広く認められている。多くの飲料関係の協会や団体は、2006年にカクテル誕生200周年を祝った。19世紀初頭にカクテルが誕生したとされるもうひとつの手がかりは、1809年にアメリカの作家のワシントン・アーヴィングが残した「カクテル、ストーン・フェンス［ウイスキーのリンゴ酒割り］、そしてシェリー・コブラー［スライスした果物と氷を入れたシェリー酒］は、ほとんど知られていない飲み物だ」という記述だ。(7)

カクテルの語源がニューヨーク州にあるという間接的な証拠は、1821年に出版されたジェームズ・フェニモア・クーパーの小説『スパイ *The Spy*』にもある。クーパーはベティという名のホテル経営者を「現在は『カクテル』という名で広く知れ渡った飲み物の考案者」と描写した。(8) 1780年代を舞台にしたこの小説はもちろんフィクションなのでカクテルの誕生時期を特定するためには使えないが、出版当時はすでにカクテルという言葉が広く浸透していた可能性や、カクテルが18世紀最後の四半世紀に生まれたとの推測をクーパーが信じていたことがうかがえる。

食物史研究家ジェリ・クインジオは、「カクテル」という名称の語源にまつわる別の筋書きを見つけ出した。そのひとつが、カクテルは酒場で生まれたのだから、元は樽の栓を意味する「コック cock」のことだったかもしれないという説だ。栓から滴る水滴は栓の尾（tail）と呼ばれたので、「カクテル cocktail」は酒場の樽の栓から落ちる最後の一滴を意味する言葉から派生したというのである。また、カクテルをはじめとするアルコール飲料は朝食の席で飲まれることが多かったので、鳴き声で朝を告げる雄鶏（cock）から名付けられたという仮

「悪魔の酒」1870年頃。キャンバスに油彩。禁酒が主題のこの絵の中で、本当の悪魔は誰だろう？　裏口からのぞいている魔王か、それとも酒で票を買収する政治家か？

説もある。[9]

カクテルという言葉は、ニューヨークの酒場で、酒に酔った常連たちがアルコールと砂糖とビターズを混ぜた新しい飲み物にすばらしい名前をつけようと互いに競ったことに端を発するのかもしれない。アメリカでは伝統的に、2語以上の単語をつなげた複合語でアルコール飲料の名前をつけてきた。酒場の主人もバーテンダーも、自分が考えた言葉が辞書に載り、新しい飲み物の命名者という不朽の名声を得るチャンスがあったのだ。

「カクテル」の語が広く使われるようになった頃には、「フレム・カッター（痰切り）」「フォグ・ドライバー（よろよろ運転）」「フィリップ（爪はじき）」「スパー・イン・ザ・ヘッド（頭の中の拍車）」「ストーン・フェンス（石の囲い）」等々の風変わりな名前の酒もあったという。そして「カクテル」の独特な点は、ひとつの飲み物の名前としてではなく、強い酒全般を指す言葉として定着した点である。

ただしこの謎への答えは、学者たちのあいだでは数世紀前にはとっくに出ていたのかもしれない。イギリスの辞書編集者サミュエル・ジョンソンは、1755年に編纂した辞書に「カクテル cocktail」の項目は設けなかったが、「レンガ焼き」のような例文で使われる「焼けた」「焦げた」を意味する「コクティル coctile」という単語は取り入れている。[10] 当時の植民地時代のアメリカでは、飲み物の中に熱した火かき棒を沈めて温め、味わいを変えることが一般

1900年頃のこのアメリカの絵はがきでもわかるように、カクテルはつねにセックスと関連づけられてきた。アルコールを飲む女性がまだわずかだった時代は、カクテルを飲むのは身持ちの悪い女性や売春婦や芸人だと言われた。

的だった。果たして、ニューヨークの煙突職人は、この誕生したばかりの飲み物を酒場で「コクティル」と呼んでいたのだろうか？　カクテルの語源にまつわる学説や仮説をここでリストにするには、あまりに多すぎる。真実はおそらく永遠に謎のままだろう。

## ◉もっともアメリカらしいアルコール飲料

飲み物のジャンルとして見た場合、カクテルはもっともアメリカらしいアルコール飲料であり、同時にもっとも世界的な飲み物でもある。独立後のアメリカで誕生したカクテルは、すぐに世界各地に広まった。エリック・フェルテンが著書『その飲み物はどう？· *How's Your Drink?*』で的確に指摘しているが、当初カクテルはアルコール飲料のジャンルではなく、「ウイスキー・カクテル」のように、特定の飲み物を指していた。蒸留酒に砂糖、水、ビターズを混ぜればカクテルができたが、その名前は使われる蒸留酒で決まった。

19世紀末には、「カクテル」は一般的にビターズを混ぜた飲料を意味するようになる。第1次世界大戦の頃になると、夕食の前に出されるミックス・ドリンクの意味で使われることが多くなった。禁酒法［1920年施行、1933年廃止］以降は、ビターズの有無にかかわらず、ふたつ以上の材料を混ぜたミックス・ドリンクがカクテルと呼ばれている。

カクテルとは本質的に、1種類あるいは数種類のアルコール飲料の混合物で、たいていはウイスキー、ジン、ウォッカ、テキーラ等をベースにして、ビターズや香料を加えてつくる。レモン・ツイスト（細く切ってねじったレモンの皮）やオリーブ、パールオニオン（小粒で光沢のあるタマネギ）、オレンジ・スライスを添えることが多く、マルガリータのようにグラスの縁に塩をまぶしたスノー・スタイルのタイプもある。カクテルは夕食前に飲むものだと言う人もいれば、完璧な食後酒だと考える人もいる。

どのような材料でできていようと、いつ飲まれようと、きりりと冷やして出されるのが決まりだ。実際、冷たければ冷たいほど美味である。1950年代のアメリカのナイトクラブの猥雑な光景を伝えたキャバレー誌は、フランスとイタリアのカクテルは軟弱で平凡でぞっとしない代物だ、なぜならどちらもアルコール度数が低く「冷やし方も不充分」だからだと伝えている。(11)

バーテンダーのデイル・デグロフは、『オックスフォード全米食品飲料百科事典 *Oxford Encyclopedia of Food and Drink in America*』で、つぎのように記している。「カクテルをつくる際は、シェイク（シェイカーに入れて振る）しても、ステア（軽く混ぜる）しても、激しくかき混ぜてもよい。ドライ（辛口）でもスイート（甘口）でもよいし、クリーム状でもシャーベット状のフローズンもよい。透明でもよし、濁っていてもよし。何かで割っても薄めてもよし。

プロのバーテンダーは飲み物はもちろん、常連客についても知識が豊富だ。マサチューセッツ州イプスウィッチの1640ハート・ハウス・タヴァーンのチーフ・バーテンダー、バリー・カーリン。営業中の酒場の入ったアメリカ最古の建物。

ただし、アルコール度数が低いものだけはカクテルとは言えない」。いまやニューヨークやローマ、北京、東京、リオデジャネイロのホテルのバーであろうと、カリブ海のクルーズ船であろうと、自分好みのよく冷えた強いカクテルが必ずみつかる。

## ◉ソーダ水

不思議なことに、「カクテル」という言葉が定着した頃、アメリカの渇きをいやすかのようにソーダ水が登場した。ソーダ水を提供するアメリカ初の店は、ヨーロッパのスパや鉱泉水を飲むための広間をモデルにつくられた。

ジェリ・クインジオのアイスクリーム史研究によると、さまざまなソーダ水を提供する「ソーダ水会社」が1807年にコネチカット州ニューヘイヴンと、ニューヨーク市のトンチン・コーヒー・ハウスにオープンした。[12] この重曹でつくる初期のソーダ水を調合した薬剤師たちは、バーテンダーと同じ問題に直面する。新しくできた飲み物を何と呼べばいいのだろう? カルボネード、メフィティック・ジュレップ（毒入りシロップ）、メフィティック・ガス（毒ガス）、セルツァー、スパ、ガシアス・アルカリン（アルカリ性ガス）、オキシゲネイテッド・ウォーター（酸素水）、マーブル・ウォーター……さまざまな名前が使われたが、後世に残ったのは、セルツァー、ソーダ水、そしてソーダポップだった。

香り付けしたソーダ水は、たくましい親戚筋に当たるアルコール入りカクテルを連想させる名前を数多く取り入れた。実際、少量のアルコールを含むものもあった。女性に人気のシェリー・コブラーは、シェリー酒、砂糖、レモン、氷でつくり、フルーツ・スライスを飾った。シベリアン・フリップは、パイナップルとオレンジジュースに少量のアンゴスチュラ・ビターズというラム酒を加えた。アンブロシアは、ラズベリーとバニラ、それに白ワインだ。のちにソーダ水売り場のメニューにアイスクリームが加わると、徐々に発達しつつあるカクテル文化の影響もあってか、売り場が「アイスクリーム・サロン」と呼ばれることもあった。

# 第2章◉カクテルの原形、パンチ

## ◉パンチとは何か

酒に果汁やスパイスなどを加えたパンチはカクテルの誕生以前から存在し、イギリスが植民地インドから持ち帰った。パンチのつくり方が確立したのは、イギリスの植民地であるカリブ海地域と北アメリカである。カクテルの歴史を語るうえでパンチは欠かせない。というのも、あらゆるカクテルの原形がパンチだからだ。

１７５７年、ボストンの厳格なピューリタン指導者であるコットン・マザーの息子が、つぎのような手紙を添えて友人にレモンをひと箱送った。

ご存じのとおり、パンチづくりの手法と名称は、
東インドからやってきた。
パンチ（punch）が5文字であるように、
いまも材料は5種類のままだ。

大半の参考文献によると、「パンチ punch」という言葉はヒンドゥスタニー語で5を意味する「パンチ panch」に由来するようだ。もともとパンチづくりで使われたアラック酒（ヤシの樹液から採るパームシュガーでつくる蒸留酒）、砂糖、レモン、水または紅茶、スパイスの5つの材料を表しているらしい。これらは「強」（アルコール）、「弱」（水、紅茶、または白ワイン）、「酸」（柑橘類）、「甘」（砂糖）、「スパイス」（ナツメグ）とも呼ばれた。このいわゆる「5の法則」は、「1に酸、2に甘、3に強、4に弱、最後にスパイスで5」とも言い表された。

初めにパンチづくりに使われたアラックは、ココヤシ（学名 *Cocos nucifera*）から抽出されるパームシュガーが天然酵母の働きで醱酵してできた酒だ。ココヤシの「トディ」という樹液を醱酵させて蒸留すると酒になる。アラックの語源は、「汗」や「強い酒」を意味するアラビア語「アラク araq」で、味わいも香りもラム酒にそっくりだという。フィリピンでは、

パンチづくりはいつの時代も男性の特権だった。マーガレット・ドヴァストン（1884～1954）「楽しい宴」。

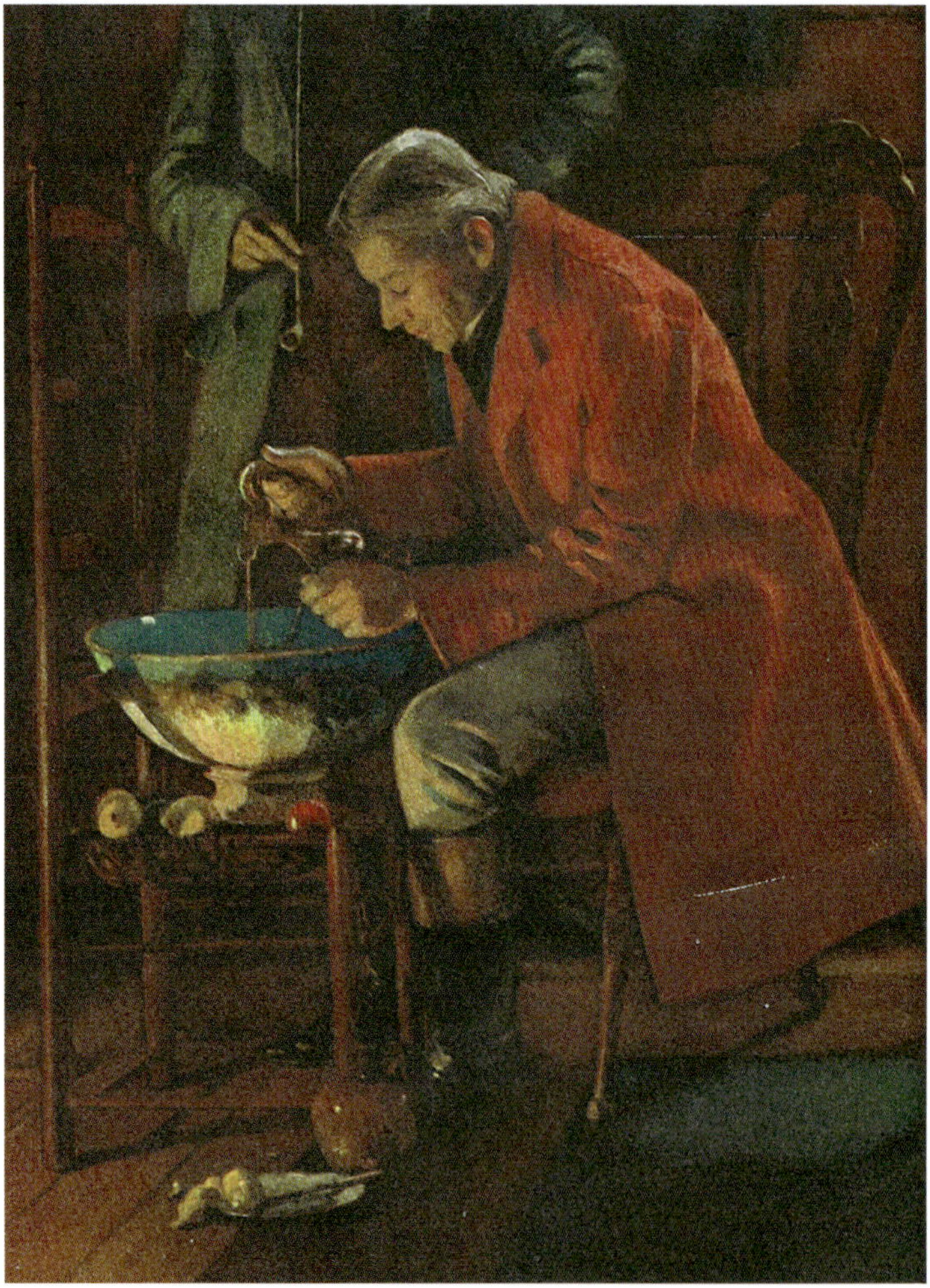

パンチづくりには充分な時間と正確な手順、正しい材料、集中力、そして良き理解者たる友人が必要だった。

同じ蒸留酒がランバノグと呼ばれている。植民地時代のアメリカでは、ラム酒に水と砂糖を加えてナツメグをふりかけた飲み物がトディと呼ばれ、酒場で人気だった。

アジア以外の地域ではアラック酒が手に入りにくいため、バーテンダーはパンチづくりにラム酒を使った。18世紀のイタリアの作家で自らの好色な生涯をつづった『カザノヴァ回想録』〔岸田国士訳、岩波書店、1988年〕で有名なジャコモ・カサノヴァは、食事や飲み物への強いこだわりも告白している。それによると、アラック酒はパンチの材料としての地位を失いつつあり、代わりにラムの人気が高まり始めたという。アメリカでは、ジャマイカ産のラム酒が好んで使われた。

アメリカを代表する政治家のひとりで独立宣言の起草者でもあるベンジャミン・フランクリンは、処世訓や格言を付した生活暦『貧しきリチャードの暦 *Poor Richard's Almanack*』の1737年版に、パンチを讃える詩を書いている。

さあ、磁器のボウルをここへ持て、
冷たく澄んだ水を満たして。
ジャマイカ・ラムのデカンタと
輝くきれいな銀のスプーンと

「西インドの狩猟家」(1807年)。アクアチント版画、手彩色。下の説明文「急いでサングリアを持ってきてくれ、クアシー、それからクアコーに言って鳥をこちらへ追い立ててくれ——いつでもいいぞ」

細かく砕いた砂糖の塊。
ナイフとふるいとグラスを順に、
香り高い果実も並べよう。そうすれば
時計が10時を打つまで楽しめる。

『オックスフォード全米食品飲料百科事典』は、「パンチ」は船乗りが使うパンチョン(puncheon)という言葉に由来するという新説を唱えた。パンチョンとはラム酒の輸送に使われた樽だ。

船乗りがさまざまな英単語、特に飲み物関連の言葉の誕生に貢献したという説に信憑性を与える例は数多い。後世に残った「グロッグ」もそのひとつだ。グロッグとは船乗りが毎日飲んでいたラム酒の水割りで、船上ではワインの輸送に使われるバット(butt)という大樽からひしゃくですくった。船乗りは水の入った大樽(scuttle butt)のまわりに集まり、グロッグ休憩を取っては噂話に興じたそうだ。ここから、噂話を意味する単語「scuttlebutt」が生まれたという。(1)

グロッグを考案したのはおそらく、イギリスの海軍提督エドワード・ヴァーノンだ。ヴァーノンは1740年代に西インド諸島で5隻の艦船から成る小艦隊の司令官を務め、

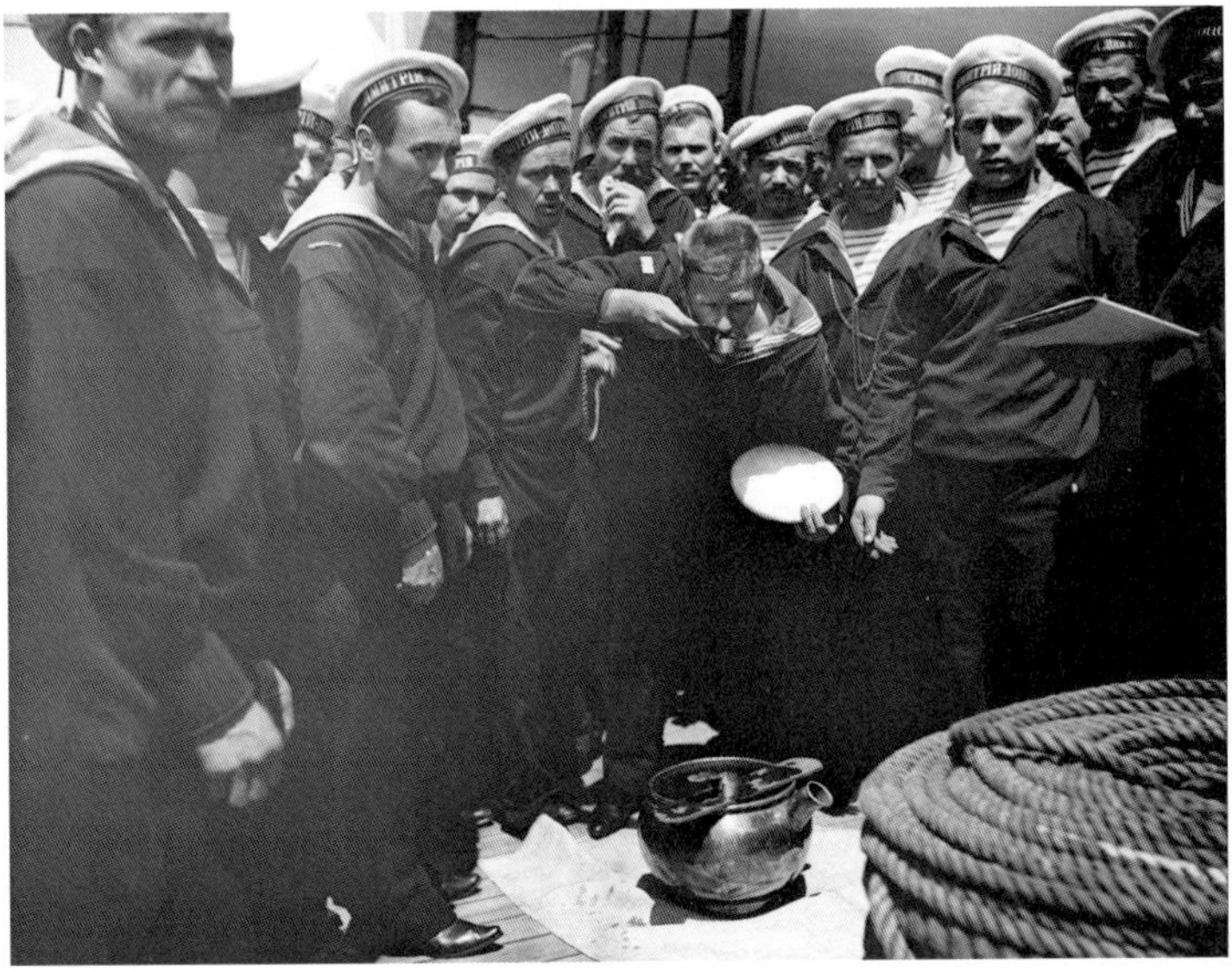

甲板に集まりグロッグ酒で休憩するロシアの船乗り（1893年）

1741年にはスペインの植民地グアンタナモを攻撃したことで知られている。

しかしそれ以上に有名なのは、1740年に船乗りにラム酒を水で割るように命じたことだ。船員たちはその飲み物を「グロッグ」と名付けた。提督愛用のグログラム（絹とモヘアでできたきめが粗く固い布）のコートにちなんで、彼を陰で「オールド・グロッグ」と呼んでいたためだ。しかし、この推測は眉唾物かもしれない。イギリス人作家のダニエル・デフォーの著書『家庭信仰のすすめ *The Family Instructor*』（1718年）では、登場人物のひとりがバルバドス産ラム酒を指して「グロッグ」という言葉を使っている。[2]

ラム以外の酒を水で割った「グロッグ」は、ジョージ・ワシントンの農場があったヴァージニア植民地の伝統的な飲み物だ。[3] 1741年、ジョージ・ワシントンの異母兄ローレンス・ワシントンがヴァーノン提督の旗艦プリンセス・キャロライン号に海兵隊大佐として乗船し、自らの所有地に司令官の名を借りてマウント・ヴァーノンと名付けたことは無視できない。1761年にローレンスの妻が亡くなると、ジョージ・ワシントンがマウント・ヴァーノンを相続した。

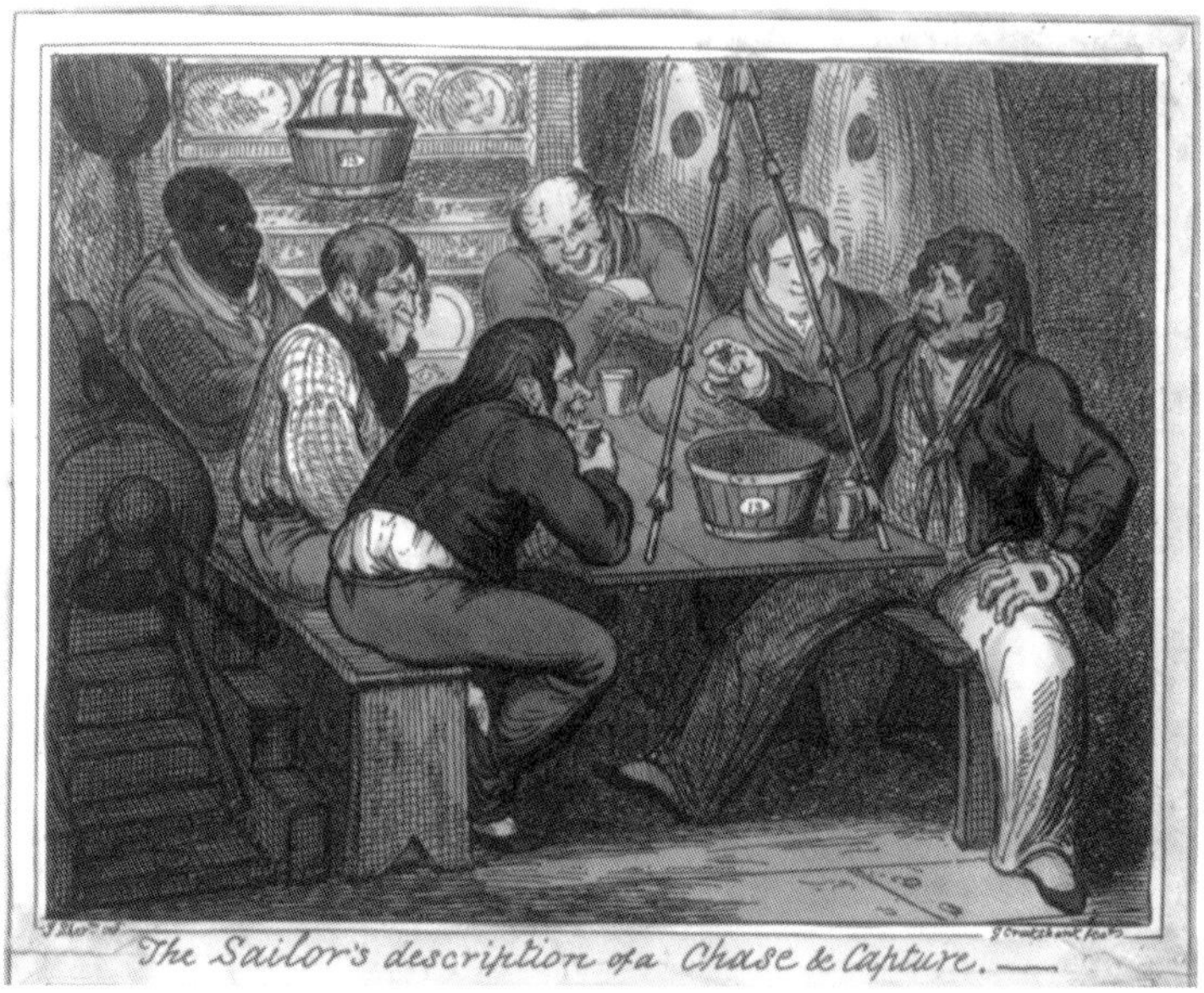


ジョージ・クルックシャンク「船乗りの獲物追跡の物語 *The Sailor's Description of a Chase and Capture*」(1822年)。エッチング、手彩色。グロッグを飲みつつ熟練船乗りの言葉に耳を傾ける水兵たち。

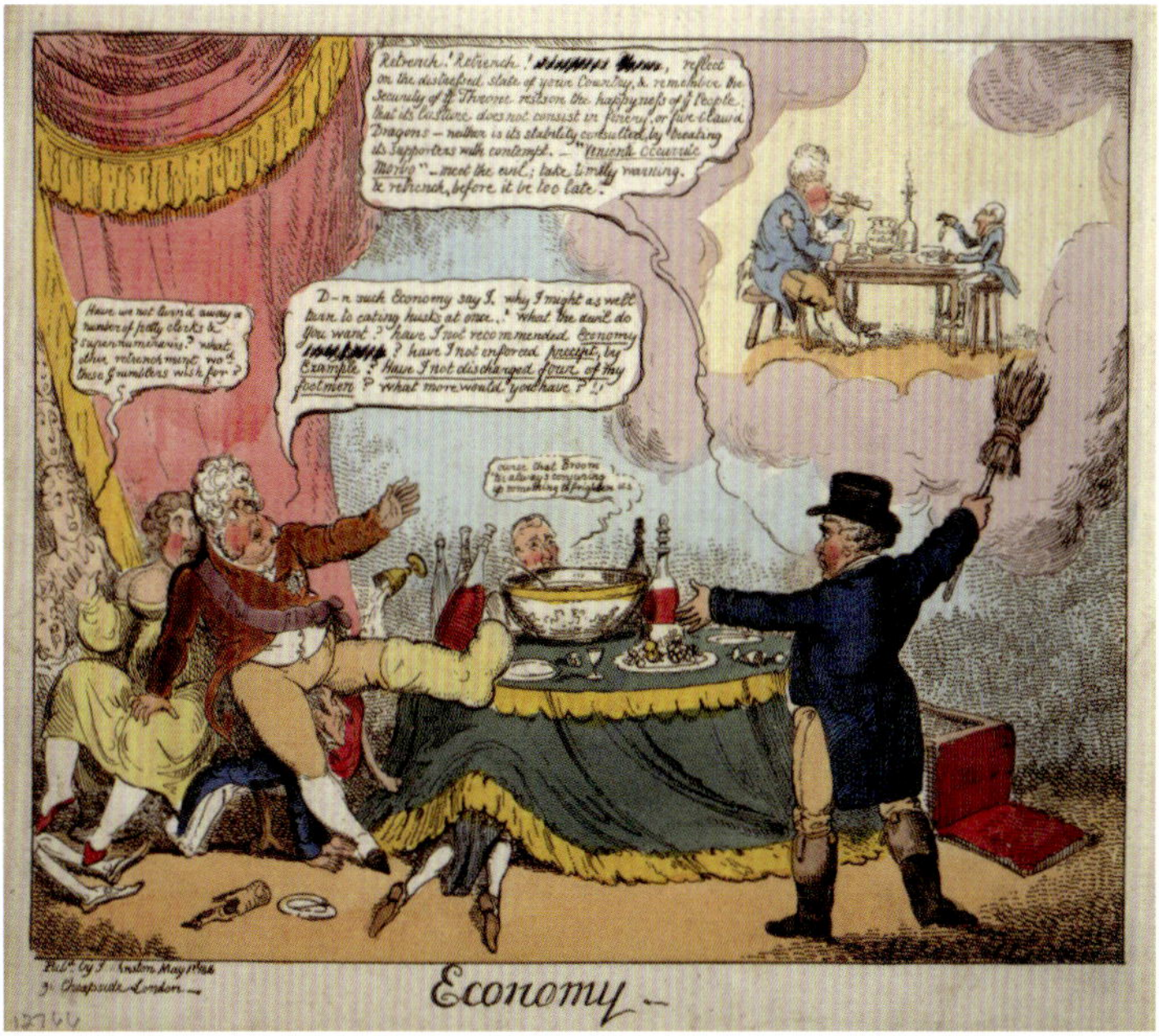


ジョージ・クルックシャンク「倹約 *Economy*」(1816年)。エッチング、手彩色。宮廷の浪費や寵愛に対し、定評のある批判を繰り広げる政治家のヘンリー・ピーター・ブルーム。ここでは典型的なイギリス人の姿を借りて、大きなボウルからパンチを飲む摂政の宮(のちのジョージ4世)の前に立ちはだかっている。

## ◉世界中で流行する

イギリスの上流階級の人々はすぐさまパンチに夢中になり、いつ、どこで、どのようにつくるかというルールもできあがった。もっとも重視されたのは、パンチをつくるボウルだった。たいていは磁器製で、中国から輸入されていた。色鮮やかでエキゾチックなボウルは、東洋を起源に持つパンチの魅力を増したのだろう。

イギリス人は、モンティスというパンチ専用の大きなボウルまで発明した。モンティスの名は、スコットランド人「ムッシュー・モンティス」に由来する。流行り物が好きなモンティスは、裾がスカラップ状（波形）のコートを着ていた。パンチ用のモンティスの縁も、その名前の由来になったコートと同じく波形であり、レードル（ひしゃく）やレモン搾り器や背の高いワイングラスをぶら下げることができた。(4)

イギリスで流行したパンチは、新世界でも人気になった。資産家は、中国と取引する商人からパンチ・ボウルを購入した。特注品となると、到着まで1年以上はかかったと思われる。毎日の夕食はボウルに注がれたパンチから始まり、酒場では、2クォート（約2リットル）入りのダブルや、3クォート（約3リットル）入りの「スリブブル」のボウルで提供された。

植民地の酒場では、人々が陽気にパンチを楽しんだ。気の置けない友人や隣人とテーブルを囲めば社会的地位の差も消え去り、小さめのボウルに入れたパンチをその場の全員で回し飲みすることもあった。1785年にマサチューセッツで行なわれたジョセフ・マッキーン牧師の聖職位授与式では、酒場の店主が80人の朝食客と68人の夕食客の勘定書を残している。

授与式前に、パンチをボウルで30杯
夕食で、パンチをボウルで44杯
さらにワイン28本と、ブランデーをボウルで8杯
チェリー・ラムを同量、紅茶を飲んだ人が6人。(5)

ただし実際には、パンチ・ボウルはおそらく小振りで、コーヒーカップ1杯分ほどの容量だったはずだ。

### ◉パンチのつくり方

パンチづくりは男性の特権であり、家庭でも酒場でも大切な仕事だった。当時の風習を伝

える絵画やリトグラフからもわかるように、パンチをつくるときは材料や道具一式をきちんと並べ、必要なものをすべて事前に用意した。テーブルに置かれるのは、バスケットに入ったレモンやライムやオレンジ、水入りのピッチャー、藍色の紙に包まれたカリブ原産の石のように固い円錐状の棒砂糖、砂糖ばさみ、柑橘類の皮をむく鋭いナイフ、レードル、「弱」として使う紅茶の入ったポット、ナツメグおろし器とナツメグだ。コルク栓をした緑色のボトル入りの酒――ラム酒、ブランデー、ジンもしくはウイスキー――も忘れてはならない。パンチのつくり手は大袈裟な身振りで材料をひとつひとつ混ぜながら、進行状況を声に出して解説することも多かった。

カリブ海地域で収穫されニューイングランドに輸入されたレモンやオレンジ、ライム、グアバ、パイナップルのジュースはすべてパンチに使われた。バスケット・オブ・レモンズというボストンの果物輸入業者は、1741年のセーレム新聞につぎのような広告を出している。

一流のパンチ鑑定人がレモンよりも好む
非常に美味で新鮮なオレンジジュースが1ガロン1ドル。
同じくパンチに最適な新鮮なライムジュースとシュラブ用ジュースも

装飾用のフルーツ。カリブ諸国の新鮮なフルーツと地中海産オリーブは、カクテルが世界各地に広まっていることの証明だ。

バスケット・オブ・レモンズでお求めを。
レモン商、J・クロスビー

パンチづくりの最後の仕上げは、柑橘類の皮を渦巻き状にむいてパンチ・ボウルの縁に飾ることだ。パンチがつくりたてのしるしである。当時のオランダの静物画には、特徴的な渦巻き状のレモンの皮が飾られたパンチ・ボウルが無数に描かれている。現在人気のカクテルにレモン・ツイスト（細くむいてねじったレモンの皮）やオレンジ・スライス、櫛形切りのライムが飾られるのも同じ理由だ。こういう飾りは、その飲み物がつくりたてであることを飲む人に知らせるサインだったのである。

ニューイングランドのパブの主人は、つぎのような正しいパンチのつくり方を残している。

パンチをつくっている最中に、何かほかのものを見たり、ほかのことをしたり考えたりするのは、マトン・ヒルの丘に北極海の北西航路を探すようなものだ。パンチに集中しなければ、いや、没頭しなければ、うまいパンチはつくれない。だから気を抜いている者には不可能だ。わたしがうまいパンチをつくれるのは、ほかに何もしないでパンチに集中するからだ。やり方を教えよう。まず材料をすべてそろえて、部屋のすみにひとりでこもる。混ぜる順番は以下の通り。砂糖の塊12個分、熱湯約500ミリリットル、レモン2個分の果汁と皮、オールド・ジャマイカ・ラム約240ミリリットル、ブランデー約120ミリリットル、黒ビールのポーターもしくはスタウト約60ミリリットル、アラック酒少々。これらを5分かけて混ぜてボウル一杯のパンチをつくるのだが、材料を加える際は慎重に、泡立つまで混ぜる。するとどうだろう！　なんとも美しいパンチができあがる！(6)

パンチには人物や場所の名前がつけられた。酒場や主人、バーテンダーや駅馬車の御者、めずらしい材料やロマンティックな出来事といった具合だ。ここでレシピを紹介する「コネチカット・コロニアル・パンチ」はその一例で、アメリカ独立当時の13州の1州にちなんで名付けられた。

オレンジ4個とレモン2個の果汁を絞る。
砂糖は大さじ8杯分
質のいいボルドーの赤ワイン1リットル
上等なジャマイカ・ラムを大さじ1杯

これで香り高いパンチができあがる。

それからオールド・コニャックを大きめのワイングラス1杯分加えれば、舌なめずりしたくなる。

しかし、あせってはいけない。

少なくとも半リットルのシャンパンを注がなければ、これまでの努力が無駄になる。(7)

## ◉氷

パンチのほかにも、アメリカの酒場や宿屋では数多くのミックス・ドリンクがつくられ、個人用のカップやジョッキで提供された。大半がラム酒をベースに使い、さらに糖蜜、バター、牛乳、ホイップクリーム、泡立てた玉子の白身、スパイス（シナモン、ナツメグ、ニクズクの果実の仮種皮からつくるメース）、シュガーシロップ、エールビールまたはシードルの中から、ひとつ以上が加えられた。トディはラム酒に砂糖と水を加えたもの、サングレはワインかビールに砂糖で甘味をつけナツメグの香りをきかせたもの、フリップは強いビールにラム酒と砂糖もしくは糖蜜を混ぜたもので、ドライパンプキンを入れることもあった。

当時はこうした飲み物は常温で出されるのが一般的で、ときには暖炉で温めたり、フリップの場合は「ロガーヘッド」という熱い火かき棒を入れて熱したりした。クリスマスや新年のホリデー・シーズンに登場するアルコール入りエッグノッグやスキー場のロッジで楽しむホット・トディを除くと、こうした伝統的な植民地スタイルの飲み方は、いまやアメリカのドリンク・リストからほぼ姿を消している。

第1章で述べたように、カクテルは1806年にはすでにアメリカ特有の飲み物としての地位を——少なくともニューヨーク州では——確立していた。カクテルに永遠の変化をもたらし、その後の世界的成功を確実にしたのは、その年の2月にボストンで起こったある出来事だ。

その冬、チューダー・アイス・カンパニーの創業者フレデリック・チューダーが地元の池から氷塊を採取して船積みし、西インド諸島のマルティニーク島へ輸送したのである。ボストンの人々は、チューダーと彼の「つるつる滑りやすい投機」を無謀だと笑った[8]。翌年チューダーは、氷を船でキューバへ輸出した。1810年にはジャマイカへ、1833年には200トンの氷塊をインドのカルカッタ［現在のコルカタ］へ、その翌年にはリオデジャネイロへも運んでいる。

数千年のあいだ、氷は厳寒期に採取され、地下の洞窟や貯蔵庫で保管されてきた。しかし、利用するのは富裕層や権力者に限られていた。そのためチューダーは、値段さえ安くなれば

19世紀半ばのアメリカでは、氷の採取は大規模なビジネスだった。マサチューセッツ州ウェスト・ケンブリッジのスパイ・ポンドでは、冬場は数百人が雇われ1日に6000トンの氷を生産した。

誰でも——貧しい人でさえも——氷を欲しがるだろうと踏んだのだ。さらに、氷入りの冷たい飲み物やアイスクリームのような冷たいおやつも人気になるだろうと確信していた。

初めて氷を手にしたバーテンダーたちは、無駄な使い方をしたあげく、冷たい飲み物の値段を常温の飲み物の倍にした。すると客は別の店へ流れた。そこでチューダーは、氷入りの飲み物の市場を開拓するために、影響力の大きいバーテンダーに氷を1年間無料で提供した。ただし、氷入りの飲み物を値上げしないという条件つきだ。ほかのバーテンダーも客離れを防ぐためにこのやり方に倣《なら》うはずだとチューダーは考えた。

1845年のイラストレイテッド・ロンドン・ニュース紙は、衛生的なアメリカの氷に触れ、「水や牛乳に氷を入れて飲み、ワインや蒸留酒を氷で薄める」のが「アメリカ式」だと解説した。同じ記事で、ロンドンの「ホテルや酒場でも、『ミント・ジュレップ』や『シェリー・コブラー』等、有名なアメリカの飲み物をつくるために氷を利用し始めている。こうした魅力的な飲み物が、氷そのものと同じように、ごく当たり前に飲まれるようになったとしても驚くには当たらない」と紹介している。(9)

同年のヨーロピアン・タイムズ紙はすでに、ロンドン・コーヒー・ハウスやロンドン・タバーン、ロングズ・ホテルそして「ロンドンの名士が集まる同じような店」では氷が「市民の宴席には欠かせないものになった」と指摘している。(10) 飲み物に氷を使うことが大西洋の両

伝統的なカクテル・グラスに注がれたマティーニ

岸で大きな話題となったのは明らかだった。

　カクテルの登場に伴い、ピューター［スズを主成分とする銀白色の合金］のカップ、木製の小さなコップ、パンチ・ボウル、それに陶器のジョッキが徐々に酒場から消えていった。当初「カクテル」という言葉は、アルコールに別の材料を混ぜた飲み物を指す耳慣れない名称だったかもしれないが、ここにきて新たな意味を帯びた。さまざまな材料をミックスしたアルコール飲料のジャンル名となったのである。そして「カクテル」というジャンルに含まれる飲み物にはそれぞれに名前が付けられ、独特のグラスに注がれるようになった。

第3章◉カクテルを育んだアメリカの酒場

## ◉バー

19世紀、アメリカの酒場やサロン、ホテルのバーは、カクテルが一人前に成長するための理想的な場所だった。当時、カクテルを楽しんだのはほぼ男性のみだった。夜の飲み物として進化し、長い一日の仕事を終えた男たちがくつろぐための飲み物だったのだ。ひとりひとりのグラスに注がれるカクテルは、ホテルのバーでも、友人や仕事仲間の集まりでも、誰にも気兼ねなく飲むことができた。19世紀の大半のあいだ、カクテルは男性限定で家庭にはなじまない雰囲気だったため、家で飲まれることはなかった。家では女性たちが紅茶を飲み、シェリー酒をなめ、健康のために薬代わりのブランデーをすすった。

酒場やサロン、パブ、宿屋の酒場、カクテル・ラウンジには、ひとつ共通項がある。バーと呼ばれる小部屋だ。植民地時代の酒場のバーは、飲み物が出される現在の細長いバー・カウンターとは別物で、ケージ・バーとも呼ばれた。たいていはメインルームの一画に位置し、使われないときは、カウンタートップから天井まで伸びる木の棒や薄板で檻《ケージ》のように囲っていた。酒場の主人が私室側から扉を開けてケージ・バーに入り棒を上げると、ケージ・バーのオープンだ。これがミックス・ドリンクの準備ができたという客への合図だった。

この厳重に保護されたケージ・バーは、酒場経営者の貴重な在庫品、たとえば中国から輸入した磁器のパンチ・ボウル、オランダのジンやフランスのブランデーといった輸入蒸留酒、マデイラのフォーティファイドワインの入った細首の大瓶、カリブ産の蔗糖《しょとう》や熟した柑橘類、そしてスパイス諸島（モルッカ諸島）産のナツメグ等を守るために必要だった。

このケージ・バーに関係するものはすべて「バー○○」と呼ばれるようになった。テーブルに飲み物を運ぶ女性はバー・メイド、こぼれた酒をふく道具はバー・モップという具合だ。飲み物をミックスする者を意味する「バーテンダー」という言葉が初めて記録に登場するのは、１８３６年のことだ。(1) アメリカの小説家ナサニエル・ホーソーンの作品『ブライズデイル・ロマンス *The Blithedale Romance*』（１８５２年）では、バーテンダーの一瞬の妙技に驚嘆する場面がある。

もともとのケージ・バーは、高価な酒やパンチ・ボウル、店の備品を守るために使われた。オールド・タヴァーン。ニューヨーク州イーストフィールド・ヴィレッジ。

彼は両手にタンブラーを持ち、中身を一方から一方へ入れ替える。手元は寸分の狂いもなく、中身は一滴たりともこぼれない。まるで泡立つ液体を服従させているかのようだ。ひとつのグラスからあふれさせ、別のグラスへ注ぐとき、それは惑星の軌道のようにくっきりと、計算された美しい放物線を描く。(2)

酒場や宿屋は男性の社交場として大きな役割を担っていたが、鉄道が誕生し駅馬車が衰退すると、その重要性は薄れていった。裕福な人々は、流行し始めたサロンやカフェに乗り換え、労働者階級の人々も自分好みの近所のバーに移った。こうした店の多くは、客寄せのためにアルコール以外に無料の食事も提供した。常連客が働き口の情報を得たり、労働組合がメンバーを集めたりする場にもなった。男たちは地元のバーへ行ってビリヤードやカードゲームに興じ、ポルノ写真やドラッグを買い、売春婦をみつけた。

しかし大半の労働者階級にとって、バーとはビールやウイスキーを——あるいは「ショット・アンド・ア・ビア」で両方を——飲んで「酔っぱらう」ための場所だった。バーへ通う人は、退屈な日常生活や厳しい工場勤務を酒で忘れようとしていたのだろう。歴史学者マデロン・パワーズの言葉を借りれば、彼らは「酩酊状態の楽しさと多幸感」を体験したかったのである。(3) 酔った状態を表現する英単語は、陽気でどこかおどけたものが多い。たとえば

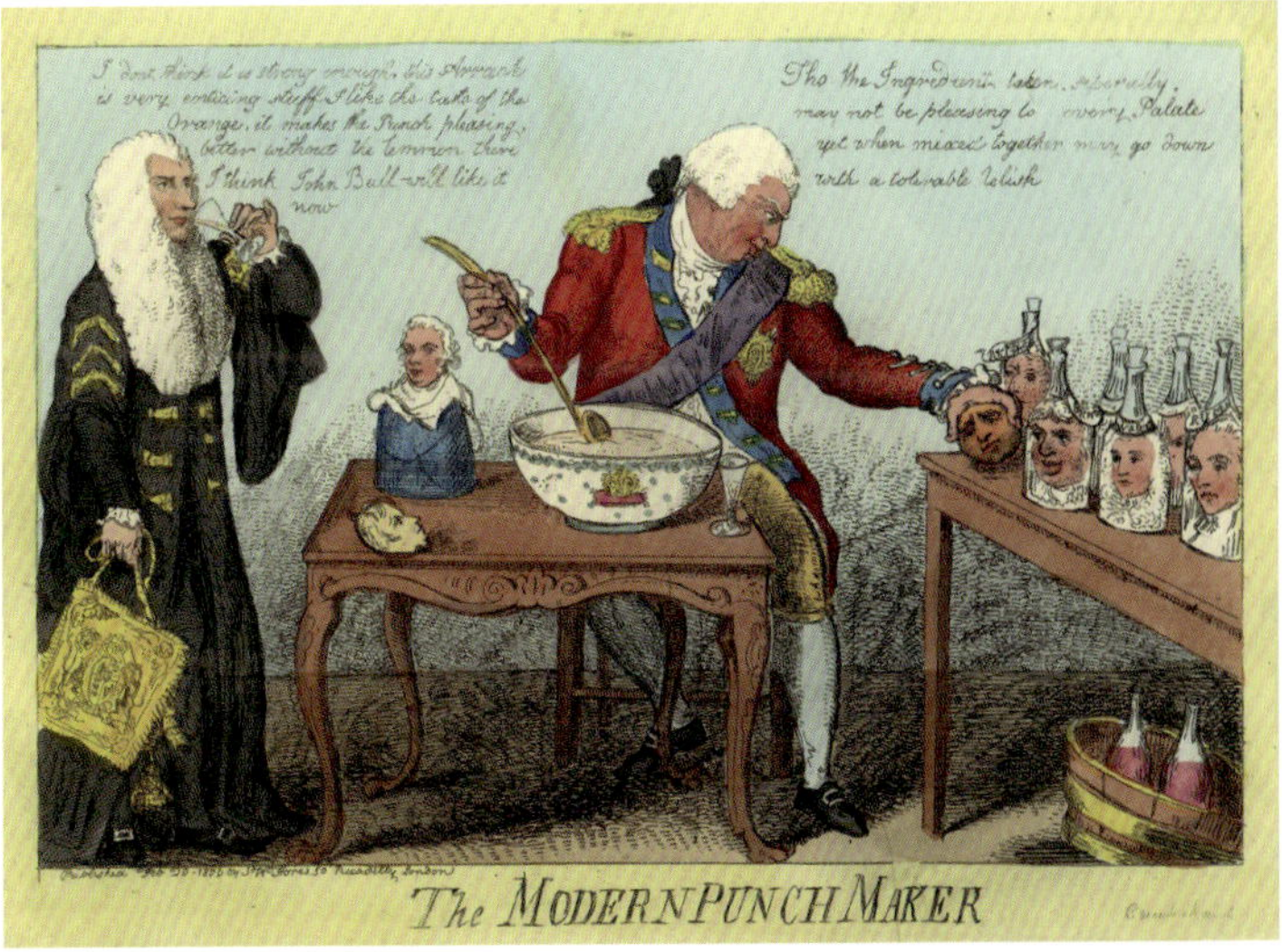


ジョージ・クルックシャンク「現代のパンチづくり」(1806年)。エッチングに手彩色。

「ファズルド fuzzled」「フラッシュド flushed」「コックアイド cockeyed」「バンブーズルド bamboozled」「バーミー balmy」「ベント bent」「ウージー woozy」だ。

こうした近隣のバーの壁には酒瓶の棚があったが、大半はただの飾りだった。あるジャーナリストによると、労働者が集まるサロンは「カクテルやコブラー、フィズ、サワーの天国」とはいかなかったようだ。(4) カクテルが飲みたければ、労働者階級が暮らす界隈から出て、町の中心部まで出向かなければならなかった。

## ●ホテル・バーの誕生

国を横断する鉄道の旅が盛んになるとホテルの需要が高まり、今度は大都市のサロンを模したホテルのバーが求められた。ホテルが相手にした客は時間も金も自由に使える富裕層だったので、ホテルは贅沢な雰囲気を醸し出すために美術品の原画や、大理石やカエデ材の調度品、立派な鏡に大金を投資した。大西洋の両岸の人々がビジネスや休暇で旅をするようになると、顧客の期待に応えてリゾートホテルや汽船会社がバーやラウンジを設けた。こうした施設が増えたことでカクテルを飲む人も多くなり、社会的にも受け入れられていった。

19世紀後半、ニューヨークで高い人気を誇ったホテル・バーのひとつが、壮麗なホフマン・

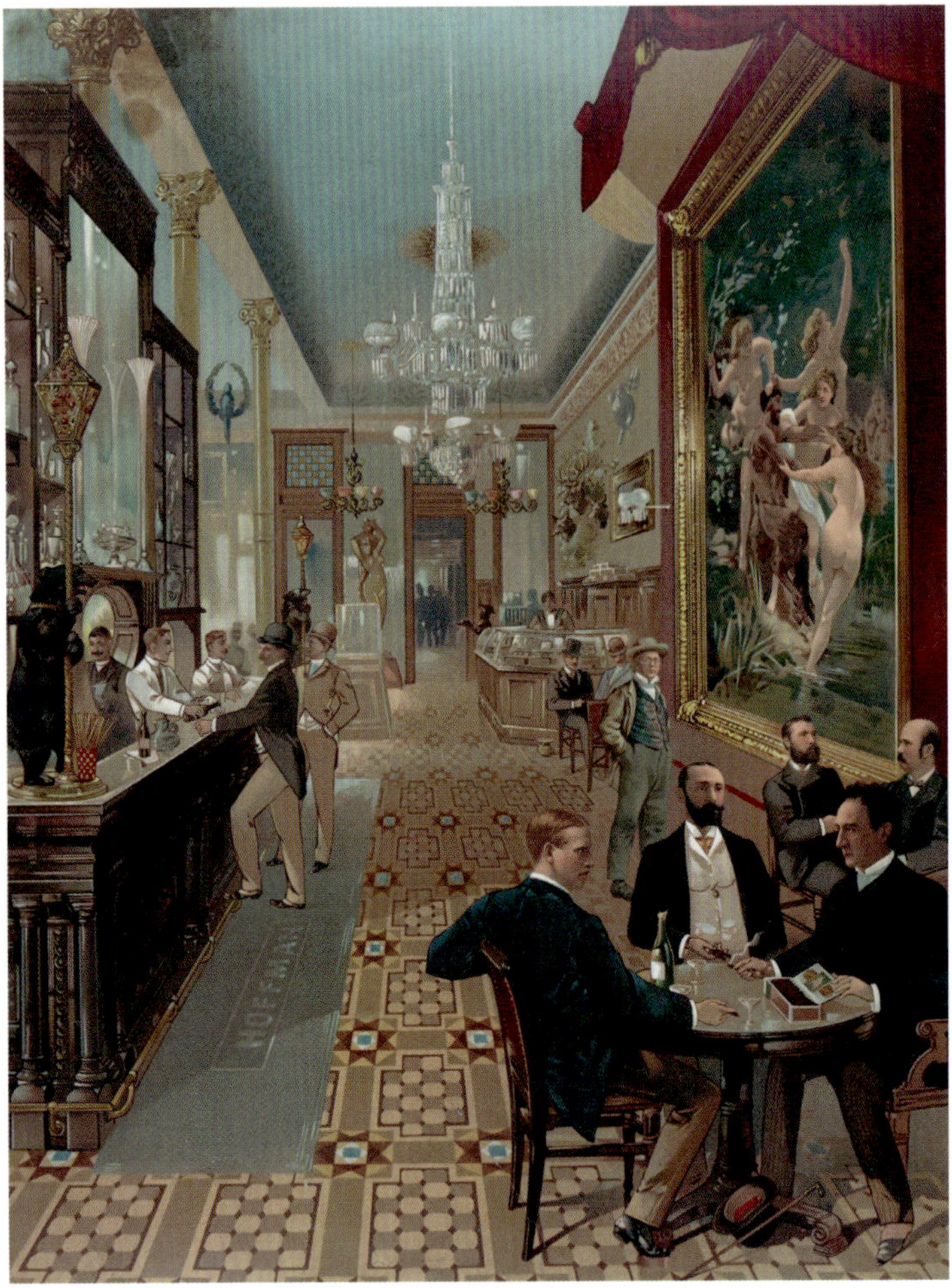

ホフマン・ハウスのバーの内装（1890年）。印刷物。

ハウスのバーだ。バーで働く17人の従業員のひとりだったウィリアム・F・マルホールは、自分の体験を詳細に書き残した。当時マルホールは20歳になったばかりで、17人の中でもっとも若かった。ホフマン・ハウスのバーは「彫刻の施されたマホガニー材でできたすばらしい場所で、壁に並ぶ鏡はアメリカ最大と言われていた。……家具や調度品はどれをとっても優雅で高価なものだった」。壁には、フランス人画家ウィリアム・アドルフ・ブグローの「ニンフとサテュロス」が掛けられていた。森の池で水遊びをするニンフたちが、サテュロスに驚く場面だ。この想像力を掻き立てる絵以外にも、「裸の人がぎっしり描かれた」絵がいくつも並んでいた。このブグローの作品は1930年代に倉庫で発見され、現在はマサチューセッツ州ウィリアムズタウンのスターリング・アンド・フランシーン・クラーク美術館で展示されている。

マルホールは、ホフマン・ハウスは「世界でもっとも豪華なバーである」と記している。週に1日は「ご婦人の日」だったが、女性は同伴者がいなければ店に入ることさえできなかった。女性客にエスコート役の男性が必要とされたのは、バーもその雰囲気も「紳士の盛り場」だったためだ(5)。

バーのオーナーが目指した贅沢な雰囲気は、万人に評価されたわけではない。禁酒主義を推奨する1855年の作品『酒場での十夜』[森岡裕一訳、松柏社、2006年]の著者、

T・S・アーサーは、人を堕落させる悪魔の飲み物の影響に人々の注意を向けようとした。舞台は郊外のアメリカ風酒場、シックル・アンド・シーフだ。そこには「磨き上げた真鍮の手すり」があり、

それがカウンターを美しく見せている。バーの奥の棚には、さまざまな魅力的な装飾品が置かれている――たとえば鏡や、金メッキの飾り物だ。壁には絵画も掛けられているが、より正確に言うなら、趣味の悪いけばけばしいリトグラフで、猥褻《わいせつ》とまではいかないまでも、下品で俗物的だった。(6)

ホフマン・ハウスで客が注文したカクテルは、オールド・ファッションド(ウイスキーと角砂糖、ビターズ等)、ウイスキー・ベースのウイスキー・カクテル、アブサン・ベースのアブサン・カクテル、ターフ・クラブ(ジンとベルモット、ビターズ)、マティーニ、そしてブロンクス・カクテル(ジンとベルモット、オレンジジュース)だった。しかし禁酒法の施行により、ニューヨーク市の高級ホテルのバーは終焉を迎える。

## ◉芸術的なカクテル

バーでくつろいだことのある人なら誰でも、そしてまるで腕のいい手品師のような技を持つバーテンダーを見たことがある人なら誰でも、アルコールと砂糖と果物を氷とともにグラスに入れて混ぜるだけで何か不思議なことが起きていると感じたことがあるはずだ。カクテルづくりを芸術や劇場と結びつける者もいる。バーがステージ、バーテンダーがパフォーマーというわけだ。

世界的に有名なバーテンダーのサルヴァトーレ・カラブレーゼは、著書『飲み継がれるカクテル *Classic Cocktails*』で、バーテンダーは「医師であり、心理学者であり、同時に精神科医でもある」と述べている。[7] エスクァイア誌で記事を書くジョセフ・ランザは、カクテルはつくることも飲むことも宗教儀式そのものだとの持論を展開する。「バーテンダーは司祭長、カクテルは聖餐《せいさん》式の杯、そしてカクテル・ラウンジは……大聖堂」なのだ。[8]

しかし多くの宗教と同じように、カクテルを熱狂的に崇拝する人々の中には正統派と異端派がいる。マティーニの正統派崇拝者は、グラスにジンとベルモットと――もちろん、30対1の割合だ――オリーブ以外を入れることを許さない。彼らにとって、コアントローやほかの材料を混ぜるのはマティーニへの冒瀆なのである。

アメリカの絵はがき（1948年頃）

過去200年以上にわたって、無数のミックス・カクテルがバーテンダーやミクソロジストや愛好家によって考案されてきた。色鮮やかな花火のように、新作のカクテルはアルコール飲料の地平をまばゆく照らしながら華々しく登場するが、大半ははかなく消えてしまう。順調に軌道に乗って伝統的なカクテルの銀河の一員になれたのは、ごくわずかだった。

それでも、世界を旅する作家ナレン・ヤングをはじめとするカクテルの専門家は、現在世界は「カクテルのルネサンス期」にあると考えている。(9) 伝統的なカクテルが再評価されて現代的なひねりが加えられたり、原産地以外の人々にとっては未知だった新しいアルコールが南アメリカやアジアから姿を現したりして、新世代のカクテルの誕生を世界に次々と予感させているためだ。

## ◉マンハッタン

どんなカクテルにも誕生秘話がある。実際、逸話が多すぎるために、いつ、誰が最初に考案したのか特定できないカクテルもある。カクテルのもともとの材料を突きとめようとすると、不可能とまでは言えないものの、長い道のりになりがちだ。

たとえばマンハッタンは、1846年にメリーランド州のバーテンダーが決闘で負傷し

マンハッタン

た人の気付け薬代わりに、ウイスキーとシロップ、ビターズでつくったのがそもそもの始まりであり、それがニューヨークでシロップではなくベルモットが使われたときに現在の名前になったと言われている。[10] しかし、元イギリス首相ウィンストン・チャーチルの母親でアメリカ人のジェニーがニューヨークのマンハッタン・クラブの晩餐会で出されたカクテルこそマンハッタンだ、という別の説もある。[11]

## ◉マルガリータ

現在マルガリータは、マティーニと同じように、シェイク・タイプでもフローズン・タイプでも、スイカやウチワサボテンが添えてあっても、伝統的カクテルとみなされる。新世代のミクソロジストにとっては、インスピレーションの源だ。マルガリータが世界各地で飲まれているという証拠に、イギリス人作家のジョン・バーデットのミステリー小説『バンコク・エイト *Bangkok 8*』では、縁に塩をまぶした広口のグラスに注いだたっぷりのテキーラとシャーベット状の氷が小道具として登場する。この完璧なマリガリータ1杯が、タイのバンコクにあるオリエンタル・ホテルのバンブー・バーの南国ムードを醸し出すのだ。[12]

フローズン・マルガリータは、1971年に誕生した。テキサス州ダラスでテキサス風

フローズン・マルガリータ。マティーニ同様、マルガリータはカクテルの定番ジャンルに発展した。

メキシコ料理店を経営するマリアノ・マルティネスがソフトクリーム・マシンを使ってつくったピッチャーいっぱいの酒が始まりだ。このシャーベット状の強い酒はすぐに大ヒットし、アメリカでは1975年から1995年にかけて材料のテキーラの売り上げが1500パーセントに伸びたほどだ。そのソフトクリーム・マシンは現在、ワシントンDCのスミソニアン博物館に保管されている。[13]

マルガリータの起源については、さまざまな説が飛び交っている。マルガリータは、テキーラにトリプルセック（オレンジ風味のリキュール）の一種コアントローとライムジュースを混ぜたカクテルだ。1930年代にメキシコの都市ティファナの競馬場で誕生したという説もあれば、メキシコのプエブラのガルシ・クレスポ・ホテルでつくられたという説もある。また、1950年代にロサンゼルスのテール・オブ・ザ・コック・レストランで考案されたとの主張もある。[14] しかしこのカクテルを初めてつくったのが誰にせよ、テキーラを世に知らしめ、マルガリータをバー・カウンターに導いたのは、1960年代のカレッジの学生たちだった。

## ◉ボトル入りカクテル

1856年、アンドリュー・ヒューブラインがドイツのズールからコネチカット州ハートフォードへ、ふたりの息子ギルバートとルイスを伴ってやってきた。彼が営む小規模なアルコール製造輸入事業は、エーワンソースという肉用調味料で利益をあげていなければ禁酒法時代につぶれていたかもしれない。[15] レストラン経営が成功すると、彼らはG・F・ヒューブライン・アンド・ブラザーズという名前でボトル詰めのカクテルを扱う商売を始めた。会社は現在、世界的酒造メーカー、ディアジオに吸収されている。

ザ・クラブと命名されたボトル詰めのカクテルは、ヒューブライン・カフェが主催したピクニックが雨で中止になったことがきっかけで誕生した。ピクニック当日、ヒューブライン・カフェは、マティーニとマンハッタンをそれぞれ約4リットルずつ用意していた。普通なら、つくりたてではないカクテルは廃棄されていたのだろうが、味見をした店員がとてもおいしいと言ったらしい。そこで、あらかじめ混ぜておいたカクテルを地元のクラブで売るというアイデアが生まれ、ザ・クラブという商品名の由来にもなった。1892年以来、売れ行きはずっと好調だ。[16]

## ◉ウォッカとモスコミュール

ヒューブライン社は、20世紀にふたつの大ヒット商品を世に出し、カクテル業界での名声を揺るぎないものにした。ひとつはボトル入りカクテルのザ・クラブ、もうひとつはウォッカだ。ウォッカの将来性にどこよりも早く気づいたのがヒューブラインだった。当時この非常に強い酒はアメリカではほとんど知られていないうえに、粗悪な飲み物と考えられていた。

1860年代、ピョートル・アルセニエヴィチ・スミルノフが、スミルノフ・ウォッカ蒸留所をロシアに設立した。1910年、息子のウラジミール・スミルノフが経営を引き継いだが、ロシア革命でロシア社会民主労働党の一派ボルシェビキによって国有化され、会社を奪われる。ウラジミールは収監され死刑を宣告されるが難を逃れ、1924年、会社をルヴフ（当時のポーランド、現在のウクライナのリヴィウ）に移し、一族の名前である社名スミルノフ（Smirnov）をフランス風に綴ったスミノフ（Smirnoff）に改めた。

1930年代に入ると、ヒューブライン一族の遠い親戚でケンブリッジ大学卒業のジョン・ギルバート・マーティンが、ヒューブライン社の副社長に就任した。未来を見通す力にすぐれ、多少の運も持ちあわせた人物だ。マーティンは、ヒューブライン社からわずか80キロに位置するコネチカット州ベテルのルドルフ・クネットがスミノフの製造権を獲得したことを知る。そこでヒューブライン社は、1939年にスミノフのブランド使用権を買収した。だが第2次世界大戦が原因で、商品が市場に出たのは1946年だった。

当初スミノフ・ウォッカは売れ行きが悪かったが、ロサンゼルスのコックン・ブル・レストランのオーナーであるジャック・モーガンと、彼の友人でヒューブライン社のジョン・マーティンが、ウォッカとライムジュース、ジンジャエールでカクテルをつくりモスコミュールと名付けてから状況が一変する。(17) このカクテルの誕生により、ウォッカはカクテルのベースとして世界に広まった。

19世紀に考案されたもっとも変わったカクテルのひとつが、ブロンプトンだ。おそらくロンドンのブロンプトン病院にちなんだ名前なのだろう。材料はジンとハチミツとモルヒネで、しばしば死期が近い患者に痛み止めとして与えられた。そのため病気の末期を意味してターミナル・カクテルと呼ばれることもあった。(18)

### ◉「ミックス・ドリンク」

現在、マティーニとは、カクテルというジャンルに属する飲み物で、ジンかウォッカでつくられたアルコール飲料全般を指すと考える人が大半だ。ただし複数の材料を混ぜてつくったアルコール飲料全体がいつも「カクテル」と呼ばれていたわけではなかった。1950年代までは、出版物でもレストランのメニューでも、さまざまな飲み物が「ミックス・ドリンク」と呼ばれる大まかなカテゴリーにまとめられていた。

1936年の蒸気船アンバサダー号のランチ・メニューでは、ミックス・ドリンクをハイボール、カクテル、フィズ、リッキー、ウイスキー、コーディアル、フリップ、サワーに分類し、コリンズ、パンチ、コブラーを別のグループにまとめている。メニューの最下部には、コブラーやデイジー、スマッシュ・スタイルの飲み物が、それぞれ名前もつけられずに40セントで並んでいた。1945年に出版された『カクテル300種 *300 Ways to Mix Drinks*』という飲み物の本の索引では、コブラー、カクテル、コリンズ、クーラー、フィズ、フリップ、ハイボール、温めたドリンク、パンチ、リッキー、サングリア、シュラブ、スリング、スマッシュ、サワー、スウィズル、トディに分類されていた。メニューや出版物では、マティーニはカクテルという大きなカテゴリーのひとつとされた。

## ◉ハイボール

いまや古風にも感じられるハイボールだが、ベースになる蒸留酒に、ソーダ水（炭酸水）

等のノンアルコールのミキサーをたっぷり混ぜ、背の高いグラスに簡単なガーニッシュをあしらって出すカクテルのひとつとして広く知られている。セブン・アンド・セブン（セブンクラウンというウイスキーとセブンアップというソーダ水）、ジン・トニック（ジンとトニック・ウォーター）、ラム・コーク（ラム酒とコーラ）はハイボールの一種だ。

ハイボールという名称は、19世紀の鉄道信号に由来するという説がある。列車を運転する機関士に前進を知らせる合図が、ポールにくくりつけたボールを高く（ハイ）上げるというものだった。[19] また、太陽（ボール）がまだ地平線よりも高い夕方から飲まれたために、ハイボールと呼ばれたと主張する人もいる。[20] さらに、アイルランドではウイスキーを「ボール・オブ・ファイア（火の玉）」とも呼んでいたので、アイルランドから伝わった名前だという説もある。ボール・オブ・ファイアにソーダ水と氷を混ぜて誕生したのがハイボールというわけだ。

## ◉アブサン

カクテル界の悪童と言えば、アブサンだ。アブサンは、ニガヨモギを意味するラテン語、アルテミシア・アブシンチウム（学名 *Artemisia absinthium*）に由来する。20世紀初頭、混ぜ

ハイボール（現在の青信号）は、いまもアメリカで列車の運転士に前進の合図として使われている。ニューハンプシャー州ノース・コンウェイ、コンウェイ・シーニック鉄道。

アンリ・プリヴァ＝リヴモン「アブサン・ロベット」(1896年)。リトグラフ。かつてアブサンは蒸留酒界の悪童だったが、現在は世界各地の酒場の棚にも免税店にも戻ってきた。

物で品質が低下した食品の撲滅を目指す元アメリカ農務省主任研究官にしてアメリカ食品医薬品局局長のハーヴィー・ワイリーは、アブサンに対して辛辣で、「アブサンの犠牲者は……アルコールやアヘンやコカインの犠牲者よりも哀れだ」と述べた。アブサンは人間の「活力を奪い、ときに体を麻痺させ、消化機能や健康を損ない、完全に支配する」というのだ。ワイリーは「じつにぞっとする」アブサン中毒の症状として、譫妄《せんもう》や幻覚、体の麻痺をあげた。[21]

1912年、アメリカ農務省はアブサンとアブサンを使った飲食物すべての製造販売を禁止した。フランスでも、アブサンを飲むと国民の健康が損なわれ、ヨーロッパにおける戦争で不利になると考え、同じくアブサンの製造を禁止した。1915年までに、アブサンの販売はスペインやイギリスを除くヨーロッパの大半の国で禁じられた。

アメリカでは1972年にアブサンに関する法律が改定され、ニガヨモギの成分であるツジョンのみが禁じられた。ツジョンはニガヨモギの活性化合物で、1キロ当たり10ミリグラム以上含まれている。しかし2007年、アブサンはアメリカをはじめ大半の国で合法的に入手できるようになった。[22]

## ◉エナジードリンク・カクテル

今世紀になって悪評が高まったカクテルは、エナジードリンク・カクテルだ。アルコールとエナジードリンクこと栄養ドリンクを混ぜたカクテルは酔いがあまり感じられないため、長時間にわたって大量に飲もうとするカレッジの学生のあいだで大流行しているようだ。栄養ドリンクとはつまり炭酸飲料であり、大量のカフェインや砂糖、ビタミン類が含まれる。主に18歳から30歳をターゲットに興奮剤として販売され、体力、活力、性欲の増進を謳っている。

しかしこうした栄養ドリンクの有効成分は、カフェインだ。ウェイク・フォレスト薬科大学の救急医療センター準教授のメアリ・クレア・オブライエン医師は、興奮剤（カフェイン）と鎮静剤（アルコール）を混ぜることは、車のアクセルとブレーキを同時に踏むようなものだと警告する。つまり「酩酊状態の症状は軽減されるが、酩酊状態そのものは軽くならない」というのである。[23]

インターネット上には、栄養ドリンクをベースにしたレシピがあふれている。ウォッカ60ミリリットルにオレンジジュースと栄養ドリンクをそれぞれ１８０ミリリットル混ぜたエレクトリック・スクリュードライバーや、栄養ドリンクにブランデー、クランベリージュース、ラズベリージュースを加えたクイック・アンド・イージーは、そんなレシピのごく一部にすぎない(24)。

こうしたエナジードリンク・カクテルを飲む学生は、気分が悪くなったりけがをしたり、性的被害に遭ったりする可能性がカフェインとアルコールを混ぜない学生の2倍にのぼるという調査結果もある。アメリカ公衆衛生協会でのオブライエン医師の報告によれば、すでに29州の司法長官がアルコール入り栄養ドリンクの消費を公に禁じたという。

# 第4章◉世界に広まるカクテル

マティーニが大好きだ
でも2杯飲むのが精一杯――
3杯飲むと酔いつぶれ
4杯飲むと主人の足下に倒れこむ。
――ドロシー・パーカー(1)

## ◉客船の喫煙室

19世紀も終わりに近づき20世紀が迫ってくると、カクテルはアメリカの外へ飛び出し、またたく間に世界へ広まった。ロンドンのアメリカン・バーの1号店は、1910年頃に開店したクライテリオンと言われている。(2)

ヨーロッパには第1次世界大戦中にアメリカ軍が駐留し、ヨーロッパの大学で学ぶアメリカ人留学生や出張旅行者も増えたことから、アメリカの文化や流行とともにカクテルもヨーロッパ諸国にもたらされた。ありあまる資産を持ち、新しい余暇の過ごし方に関心がある多くのアメリカ人やヨーロッパ人が、カクテルの評判を広めるのに一役買ったのである。

当時は国際定期航路の全盛期だったことも、カクテルの国際化を後押しした。アメリカ以外の人々が初めてカクテルを味わったのは、イギリスをはじめヨーロッパ各国の港とアメリカを結ぶ蒸気船の喫煙室である。こうした喫煙室はのちに、現代のクルーズ船のラウンジやバー、キャバレーへと姿を変える。

そうした客船の喫煙室は、アメリカの大都市にある最高級ホテルのバーを模してつくられていた。イギリスの海運会社キュナード社の定期船アキタニア号の喫煙室は、1914年、ロンドンやニューヨーク一の会員制高級紳士クラブにそっくりなラウンジと称された。[3] マンハッタンの一流バーと同じように、アキタニア号の喫煙室はウォルナットの壁板が張りめぐらされ、豪華な象嵌《ぞうがん》細工や彫刻できらびやかに飾られていた。

キュナード社の英国船籍の客船ティレニア号はルネサンス初期のイタリアをテーマに設計され、漆喰とイタリア産ウォルナットの鏡板が使われた。ホワイト・スター・ラインのジョージア号では、割安の等級の乗客が使う喫煙室でさえ「壁は木造の柱と粗い漆喰で、古いタイル張りの床にアンティークの家具、開き窓には鉛ガラスがはめこまれ」、昔ながらのイギリスの農家のような魅力と居心地の良い雰囲気を演出していたといわれている。ファーストクラスの客用にデザインされた喫煙室の多くには薪をくべる暖炉もあった。

キュナード社の英国船籍の蒸気船カンパニア号が自慢としていたのは、「貴族の邸宅を彷彿とさせるオーク材の壁と、彫刻飾りのあるオーク材の椅子」が置かれた喫煙室である。ファーストクラスの乗客は「最高品質の葉巻やタバコが置かれ、棚には最高級の酒が無数に並び、よく気の利くバーテンダーが待つ喫煙室」を自由に利用することができた[4]。こうした喫煙室は、実業家に昼も夜も贅沢な気分でくつろいでもらうことを目的に設計されていた。

カクテル・メニューが登場する前は、客がバー・カウンターへ自ら出向いてミックス・ドリンクをオーダーするのが常だった。蒸気船カンザス・シティ号の1895年11月25日付けの「メニュー」には、「ミックス・ドリンクをご希望の方は……バーまでお越しください」と記載されている。初期の蒸気船の旅では、名の通った酒をボトルでオーダーし、テーブルまで運んでもらって、ストレートもしくはソーダ水で割って飲むのが紳士のたしなみとみなされていたことがよくわかる。

間もなく船上にもカクテル・メニューが登場するが、中には非常に選択肢の多いリストもあった。たとえばメセック・スチームボート社のアメリカーナ号とウェストチェスター号の

『サボイカクテルブック *The Savoy Cocktail Book*』（1930年）より。ロンドンのサボイホテルが出版した。アメリカのカクテル文化がイギリスの上流社会に到達した証である。

1906年に建造された英国船籍モーリタニア号の展望ラウンジとカクテル・バーの絵はがき。

1936年のリストには、13種類のカクテルが並んでいた。アメリカン・カクテル、マンハッタン、ブロンクス、ドライ・マティーニ、オレンジ・ブロッサム、アレキサンダー、バカルディ、ジャック・ローズ、オールド・ファッションド、スティンガー、サイドカー、ダイキリ、キューバ・リブレである。

同じ年のコロニアル・ライン社のリストには11種類のカクテルが掲載され、トム・コリンズ、ピンク・レディー、ジン・リッキーも名を連ねている。同じくコロニアル・ライン社の別の客船では、ワード・エイトやジン・フィズ、ジン・サワーを楽しむことができた。1936年4月付けの蒸気船アンバサダー号のバー・メニューに至っては、カテゴリーごとに分けられた69種類のカクテルが載っている。

◉アメリカン・バー

すでにカクテルになじみのあるアメリカ人は、世界各地からやってくる旅行者に本物のアメリカの美酒を初めて引きあわせた。アメリカから故郷へ帰った旅行者たちは、初めて出会ったこのミックス・ドリンクを賞賛し、噂を広めた。ヨーロッパのホテルやカフェではメニューにカクテルを加えるようになり、アメリカ人旅行者の好みや期待に応えようとした（ヨーロッ

軍人たちは、祖国や、故郷で待つ女性のためだけに闘っていたのではなかった。

パ以外の国々もすぐにこれに続いた)。ヨーロッパのバーの中には、「アメリカン・バー」というわかりやすい名前の店もあった。

グレアム・グリーンの1938年の小説『ブライトン・ロック』〔丸谷才一訳、早川書房、2006年〕では、敵対するギャングのふたりのボス、コレオーニとピンキーがブライトンのコスモポリタン・ホテルのラウンジで対面する。ふたりが話していると、「アメリカン・バーから笑い声が響き、氷がチリンチリンと鳴る音が聞こえた」[5]。ふたりがふたたび電話で話す場面では、「グラスがかちゃかちゃと鳴り、シェイカーの中で氷が動く音」がピンキーの耳に届く。グリーンは、いままさにつくられているカクテルの音をたくみに使って、町の若いチンピラと、流行のアメリカン・バーを根城にする洗練された年輩のギャングのボスを隔てる溝を描いたのだ。

1960年代になると、飛行機ではミニスカートをはいたスタイルのいい女性客室乗務員が乗客にカクテルを出した。航空会社の管理職や乗客の中には、女性の客室乗務員を空飛ぶカクテル・ホステス扱いする者もいた。飛行機の機体が大きくなり多くの乗客に限られた時間内でサービスしなければならなくなると、航空会社は飲み物サービスをより効率的な方法で行なうことにした。つまり、小さなグラスや約44ミリリットル入りのプラスチック・ボトルでほんのひと口だけ提供するようになったのだ。2005年まで、サウスカロライナ

ヘビー級世界チャンピオンのプロボクサー、ジャック・デンプシーが経営するニューヨークのブロードウェイ・レストランの広告絵はがき。

州の州法では、カクテルをつくる際に小さなウイスキーグラスに目分量で注いだりメジャーで測ったりする代わりに、ニップ（約24ミリリットル）単位でつくるよう定めていた。

ボーイング707が開発され、快適な国際便が約束されるなか、1960年5月に蒸気船フランス号が就航した。しかしこの頃には、男性専用の喫煙室は姿を消している。代わりに、フランス号では過去50年間の喫煙室やバー、ラウンジ、キャバレーをひとつにしたような、「船上でもっとも長いバー・カウンター」のあるカフェ・ド・パリがつくられた。リストによると、一回の航海でウイスキー、スコッチウイスキー、ブランデー、ジン、ラムのボトル1300本、リキュール1100本、シャンパン1200本、そしてワイン8500本が積み込まれていたようだ。(6)

20世紀最後の25年間になると、クルーズ船はもはや旅の移動手段ではなくなり、クルーズ自体が旅の目的になった。中には、水上のカクテル・ラウンジとでも呼べる船もあった。夕食時やカジノでカクテルを楽しむのはもちろん、ピアノバーでフローズン・ダイキリを、スポーツバーでジン・トニックを、ジャズクラブでマティーニを、シガーバーでマンハッタンをオーダーすることができた。さらに、娯楽ラウンジでは遊び心のある飲み物を、ビリヤード・バーではモヒートを、そしてルーム・サービスではそれこそ何でもオーダーできた。実際、船の上では、手を伸ばせばいつでもコスモポリタンが飲めるのだ。

円形のカクテル・バーを仕切るふたりのバーテンダー（1935年頃）

## ◉イギリス海軍の功績

人気の高いカクテルのいくつかがアメリカ生まれというのは事実だが、ほどなくヨーロッパやアジアでも、世界クラスのカクテル・リストに載るような独自の伝統的カクテルを考案し始めた。アメリカ以外の国でもっとも重要な影響を及ぼしたのは、イギリス海軍だ（あらゆるカクテルの原形であるパンチをインドからイギリスへもたらしたのも、彼らだった）。

船員たちは、イギリス製のジンのとがった味をなんとかしようと、船上で薬箱の中身をあさって混ぜるものを探した。もっとも美味とされるジンはジュニパーベリーで香り付けされていたが、ロンドンにはテレビン（松ヤニ）で風味付けしている酒造家もいた。ジュニパーベリーもテレビンも、有効成分は同じテルペンという化学物質の一種だとわかったためである。

イギリスの水兵は、将来有望な候補をふたつみつけた。アンゴスチュラ・ビターズとキニーネだ。アンゴスチュラ・ビターズはハーブからつくる香りのよい苦味酒で、ドイツ人のドクター・ヨハン・ジーゲルトが生み出したものだ。ジーゲルトは危険な冒険を求める医師だった。ベネズエラ独立戦争の際には革命家シモン・ボリヴァル側に加わってスペインと闘っている。1824年、ボリヴァルはジーゲルトに、ベネズエラのアンゴスチュラの町（現シウダー・ボリバル）の陸軍病院軍医総監の地位を与えた。アンゴスチュラ・ビターズは、今ではトリニダードのポート・オブ・スペインの名産品だ。[7]当初ジーゲルトはアンゴスチュラ・ビターズを解熱剤や健胃薬としてつくったため、英国海軍も解熱剤として船に積んだ。ところがこれをジンに混ぜるとピンク色の飲み物ができることがわかった。これがピンク・ジンというカクテルになった。

イギリス海軍にはもうひとつ功績がある。ジン・トニックの発明だ。海軍の薬箱には、マラリアの特効薬キニーネの入った水薬「トニック・ウォーター」もしまわれていた。水兵たちがこのトニック・ウォーターとジンを混ぜて飲んだのは、おそらくトニック・ウォーターの苦みをやわらげるためだったのだろう。ビタミンC不足でかかる壊血病《かいけつびょう》予防のために船に積んでいたライムの果汁をひと絞りすれば、ジン・トニックのできあがりだ。

苦みのあるハーブや植物、果てはキニーネまでアルコールに混ぜて治療用の水薬をつくることは、19世紀の社会では当たり前の習慣だった。こうした煎じ薬やチンキ剤、万能薬、そして強壮剤はどれも、純度の高いアルコールがたっぷり加えられていたので、売り上げは好調だった。たとえ効き目がなくても、少なくとも一時的な高揚感は得られたのだろう。

ピンク・ジンとカクテル・シェイカー

## ◉トム・コリンズ

ヨーロッパのホテルでアメリカン・バーが新設されると、ヨーロッパの新世代のバーテンダーたちが独創的なアイデアでバーを変えた。トム・コリンズはその好例だ。

トム・コリンズの名称は、ロンドンのリマーズ・ホテルのヘッド・ウェイターであるジョン・コリンズに由来する。彼はサワーにオールド・トム・ジン、レモンジュース、シュガーシロップを混ぜてこのカクテルをつくった。ジンは、19世紀のイギリスで人気のカクテル用蒸留酒だった。やがて、ジョンやトムの名前がこのカクテルの名称として使われるようになる。

おもしろいことに、オーストラリアでは同じカクテルがジンの代わりにウイスキーでつくられ、ピーター・コリンズと呼ばれた。バーボンでつくるとコロネル・コリンズ、アイリッシュウイスキーではマイク・コリンズ、スコッチのときはサンディ・コリンズ、ラムの場合はペドロ・コリンズ。(8) このトム・コリンズの逸話は飲み物関連の文献でしばしば見かけるが、フィクションの可能性も否めない。

１８７６年にバーテンダーのジェリー・トーマスが出版した『バーテンダーズ・ガイド *The Bartender's Guide*』には、３種類のトム・コリンズが掲載されている。ベースになる蒸留

トム・コリンズには多くの別称がある。ロンドンではジョン・コリンズ、オーストラリアではピーター・コリンズ、アイルランドではマイク・コリンズだ。

酒が名前の後ろについたトム・コリンズ・ウイスキー、トム・コリンズ・ブランデー、そしてトム・コリンズ・ジンである。トーマスは「(この飲み物は) つくりたてで泡立っているうちに飲むこと」を勧めている。(9)

## ◉ダイキリ

ダイキリ・カクテルは、キューバのオリエンテ州のダイキリ・ニッケル鉱山が語源と言われている。(10) 1896年にキューバのスパニッシュ・アメリカン鉄鋼会社のアメリカ人鉱山技師であるジェニングス・コックスが、ホワイト・ラムにライムジュースと砂糖を加えてつくったのが最初だという。

ダイキリともっとも関係が深い人物は、ハバナのラ・フロリディータというバーの経営者、コンスタンテ・リバラグアだ。ラ・フロリディータはラ・カテドラル・デル・ダイキリ (ダイキリの聖堂)、リバラグアはエル・レイ・デ・ロス・コクテロス (カクテルの王) と称される。(11) アメリカの作家アーネスト・ヘミングウェイはしばしばここを訪れた。ラムを2倍にしたお気に入りのダブル・ダイキリは、彼の愛称であるパパ・ヘミングウェイにちなんでパパ・ダブルと命名された。(12)

## ◉ベリーニとミモザ

ベリーニというカクテルは、ヴェニスのハリーズ・バーの創業者ジュゼッペ・チプリアーニが1930年代に考案した。だが、カクテルにその名前がついたのは1948年、イタリア・ルネサンス期の画家ジョヴァンニ・ベリーニの展覧会が開催されたときだった。ベリーニは、搾りたての桃の果汁1に対し、イタリア版のシャンパンであるプロセッコを3の割合で混ぜ、よく冷やしたグラスに注ぐ(13)。

チプリアーニがベリーニを思いついたのは、シャンパンにオレンジジュースを混ぜるミモザというカクテルを見たことがきっかけだったのかもしれない。1925年にミモザが初めてつくられた場所としてしばしば名前があがるのが、パリのリッツ・ホテルだ。

ミモザはバックス・フィズにじつによく似ている。バックス・フィズもオレンジジュースとシャンパンでつくるカクテルで、アメリカが繁栄した「狂騒の1920年代」初頭にこれを初めて出したクラブの名前にちなんでいる。オレンジジュースとシャンパンの組み合わせは、イギリスではいまもバックス・フィズと呼ばれ、アメリカやヨーロッパの大半ではミモザの名が好まれている。

近年朝食やブランチで飲むタイプのカクテルが登場し始めたのは興味深い。こうしたカク

ベリーニ・カクテル

フォーマルなパーティーで出されるミモザのグラス

テルの大部分は、ウォッカをベースに、オレンジやグレープフルーツジュース、桃やクランベリーの果汁、あるいはフルーツ・フレーバーのリキュールを混ぜてつくられる。フルーツが入っているため、ベーコンエッグに合わせてスクリュードライバーやシー・ブリーズ、メロン・パッチ、ベリーニあるいはミモザを飲めば、毎日必要なビタミンが摂れるような印象を与えるのかもしれない。朝からオリーブを添えたマティーニを飲む人は酒浸りに見えるが、シャンパンにオレンジジュースとトリプルセックを加えたミモザを飲む人は、くつろいでいるように見えるものだ。

### ◉ブラッディ・マリー

典型的な朝向きの飲み物といえば、フランス生まれのブラッディ・マリーだろう。このカクテルが二日酔いに効くことは世界中で有名だが、その根拠とされるのは「二日酔いには迎え酒」という迷信だ。ブラッディ・マリーは、オムレツが置かれたブランチのテーブルで楽しむ伝統的カクテルで、パリのハリーズ・ニューヨーク・バーのバーテンダー、フェルナンド・〝ピート〟・プティオが１９２０年頃に考案した。ブラッディ・マリーは、治世わずか5年（１５５３～58年）のイングランド女王メアリ1世にちなんで名付けられたという説

ブラッディ・マリー

がある。彼女には「血まみれ(ブラッディ)」メアリという異名があった。異端の罪で約300人もの人々を火あぶりの刑に処したためだ。その中にはカンタベリーの大主教まで含まれていた。

フェルナンドがつくったブラッディ・マリーはウォッカがベースだった。ウォッカはパリでは簡単に手に入ったが、アメリカではまだめずらしかった。20世紀初頭に缶入りトマトジュースが発明されなかったら、このカクテルは生まれていなかったかもしれない。ロシアのウォッカと缶入りトマトジュースは、天が定めた運命の結婚だったのだろう。アメリカのビジネスマンや旅行者、兵士、アーネスト・ヘミングウェイをはじめとする移住者がパリにやって来た時点で、このカクテルの名声は確約された。

ブラッディ・マリーが大西洋を渡ったのは、世界を股に掛ける毛皮貿易商にしてアメリカ一の富豪のジョン・ジェイコブ・アスターがほれこんだからだ。アスターはレシピを考案したフェルナンドを禁酒法廃止直後のアメリカに招き、セント・レジス・ホテルのキング・コール・バーの支配人に任命する。アスター一族は、ブラッディ・マリーという名前はあまりに直接的すぎると考え、レッド・スナッパーに改名させた。しかし客は「ブラッディ・マリー」を注文し続け、その評判は世界各地へ広まった。(14)

アーネスト・ヘミングウェイはブラッディ・マリーが大のお気に入りで、つぎのような言葉を残している。「わたしはこの飲み物を1941年に香港へ伝えたが、それがこのイギリス直轄植民地に何よりも大きな影響をもたらしたと信じている。例外は日本軍に突然占領統治されたことぐらいだろう[15]」

現在、この伝統的な目覚ましの1杯には多くのバリエーションがある。アルコール抜きでつくるとヴァージン・マリー、テキーラでつくるとブラッディ・マタドール(闘牛士)、そして日本酒にしょうゆ、わさびでつくるとブラッディ・マルと呼ばれる。ノンアルコールのヴァージン・マリーは、トマトジュース・カクテルとして禁酒法時代のアメリカの食卓にあがっていた。このジュース代わりの飲み物は中流階級の家庭でよく飲まれ、一方カキやカニの身を使った前菜のカクテルは裕福な家庭で好まれた[16]。

## ◉料理のようなカクテル

日本の作家の小川洋子のすばらしい小説『博士の愛した数式』[新潮社、2003年、英訳版2009年]では、現代日本の楽しげな誕生日パーティーが描かれている。テーブルに並ぶのは、チョコレートで書いたメッセージやゼリーのウサギや砂糖菓子の天使が飾られたケーキのほかに、「どれもありふれた」「海老のカクテル、ローストビーフ、マッシュポテト、ほうれん草とベーコンのサラダ、グリーンピースのポタージュ、フルーツポンチ」だ。[17] カクテルは生誕から200年を経て、発祥の地から世界を半周し、いまや料理のようなカクテルやパンチまで生まれている。

現在、地上のほぼすべての果物や野菜、ハーブやスパイスがカクテルづくりに使われている。畜産物は使わないのが当たり前だったが、まったく無視されてきたわけではない。例外はブル・ショット、ブラッディ・ブル、そしてブラッディ・シーザーの3種類だ。

ブル・ショットは無名に近いカクテルだが、国際的なカクテル・リストでいまも生き残っている。初期のレシピでは、キャンベルの濃縮コンソメ、ウォッカ、ウスターソース、タバスコが必要だった。[18] カナダでは、コンソメの代わりに固形のビーフブイヨンを使うようだ。[19] ブラッディ・マリーをビーフスープでつくるとブラッディ・ブルになる。[20]

もっともカクテルにふさわしくない材料と言えば、ハマグリ（クラム）等の二枚貝かもしれない。そのハマグリ・エキスをトマトジュースに混ぜたカクテルが、モット社のクラマトという商品だ。モット社はリンゴジュースで有名になった企業なので、このトマトとハマグリの組み合わせはなおさら奇妙に思えるだろう。しかし、ハマグリ・エキスにホイップクリームを少量合わせた飲み物は19世紀には人気があり、当時は健康増進剤として病弱な人に勧める料理本も多かった。モット社のクラマトは1969年にカリフォルニアで発売された。

同じ年、アルバータ州カルガリーのレストラン経営者がバーテンダーのウォルター・チェルに、店の看板商品になるカクテルをつくるよう求めた。チェルはクラマトをベースに、ウォッカとウスターソースを混ぜてタバスコをひと振りした。ブラッディ・シーザーの誕生である。現在、ブラッディ・シーザーはカナダでもっとも飲まれるカクテルと言われるまでに成長し、毎年2億杯以上が売れているという。[21] カリブ諸国やドミニカ共和国でも非常に人気が高い。クラマトにテキーラと辛いソースを混ぜると、クラマト・テキーラと呼ばれるカクテルができあがる。クラマトにウォッカ、チリ等の辛いソース、ライムジュース、そしてビールを混ぜると、ティファナ・タクシーだ。

## ◉アジアのカクテル

カクテルが考案されたのは、北アメリカやヨーロッパばかりではなかった。香港がイギリスの統治下にあったことや日本の経済成長のことを思えば、アジアの最先端のホテルやクラブでベテランのバーテンダーが新たなカクテルをつくりだしたのも当然だろう。

その好例がシンガポール・スリングである。このカクテルは、1915年頃、シンガポールのラッフルズ・ホテルのロング・バーで中国人バーテンダーの厳崇文が初めてつくったと

モット社のスパイシー・クラマト・シーザーでつくったブラッディ・シーザー（市販のクラマト、セロリ、グラスの縁にセロリソルト、氷）

シンガポールにあるラッフルズ・ホテルのロング・バー

言われる。しばらくはストレーツ（海峡）・スリングとも呼ばれていた。ジン、チェリー・ブランデー、ベネディクティン［フランス産の甘いリキュール］、ビターズ、レモンジュースを材料とするシンガポール・スリングは鮮やかなピンク色だ。もともとは女性客を意識してつくられたのかもしれない。[22]

オーストラリアでもっとも有名なカクテルは、脳天を吹き飛ばせという意味のブロウ・マイ・スカル・オフだろう。考案者はタスマニア州副総督で酒豪のトーマス・デイヴィーだ。1805年のトラファルガーの海戦にも加わった海軍指揮官である。ブロウ・マイ・スカル・オフの材料は、熱湯、砂糖、ライムまたはレモンジュース、エールビールもしくはポーター［黒ビールの一種］、ラム酒、ブランデーだ。

1864年、このレシピがオーストラリア初の料理本であるエドワード・アボット著『イギリスとオーストラリアの料理読本 *The English and Australian Cookery Book*』に掲載された。この爆弾のような強いカクテル（もしくはパンチ）には、フォーティファイドワイン、ジン、クラレット［フランスの赤ワイン］、アヘン、唐辛子が入れられることもあったらしい。[23]

## ◉中南米のカクテル

近年は、中南米のカクテルの人気が高まりつつある。ラテン系住民の人口が増えてきたアメリカに限らず、世界各地で流行している。ダイキリやマルガリータはもちろん、現在はモヒートもバーで揺るぎない地位を確立した。全米レストラン協会の年間トップセールス・リストによると、このミントの香りが特徴のカクテルは堂々の3位である。1位はエナジードリンク・カクテル、2位はマティーニおよびフレーバード・マティーニだ。

モヒートは、ブラジルの国民的カクテルのカイピリーニャとこれから激しい競争を繰り広げることになるかもしれない。カイピリーニャは、ブラジル産のラム酒カシャーサ、つぶしたライム、砂糖でつくり、氷とともにグラスに注ぐ。カシャーサは複雑な蒸留酒だが素朴な土臭さもあり、飲んでいるうちにやみつきになる人もいる。カシャーサの代わりにラムでつくるとカイピリシマ、日本酒を使うとカイピサケと呼ばれる。

カシャーサはサトウキビの蒸留酒だ。長いあいだブラジルの奴隷文化と結びつき、貧しい人の飲み物と見られてきた。ブラジルが奴隷制度を廃止したのは1888年で、新世界ではもっとも遅かった。ブラジルでは年間13億リットルのカシャーサが生産され、蒸留酒ではロシアのウォッカと日本の焼酎に次いで世界3位の生産量を誇る。多くの企業がブラジル

近年はモヒートをはじめとするラテン系カクテルの人気が高まってきた。

ピスコ・サワー。表面の泡は、シェイクする前に卵白を加えてつくる。

最高品質のカシャーサを実現すべく、フランスへ送って中古のコニャックの樽で熟成させている。

バーテンダーの目に留まったもうひとつの南米の蒸留酒が、ペルー産のピスコだ。厳密に言うと、ピスコはブランデーの一種である。香りのよいブドウを原料に、銅製のスチルで商人気質の酒造家たちが小規模生産している。チリでもつくられているが、こちらは機械による垂直カラム蒸留方式が用いられている。

意外にもピスコは、カリフォルニアがゴールドラッシュにわいた1849年頃から禁酒法が施行された1920年まで、アメリカの西海岸でもっとも人気のある蒸留酒だった。おもにピスコ・パンチやピスコ・サワーというカクテルに使われた。その人気を証明するかのように、アメリカで130店舗を誇るレストラン・チェーン店が、レモンやライムの果汁の代わりにパイナップルジュースを使ったピスコ・サワーをドリンク・メニューに加えている。(24)

## ◉カクテルの王様、マティーニ

アルコール飲料の普遍的シンボルで偶像的存在でもあるカクテルの王様は、マティーニだ。

マティーニはただの飲み物ではない。若さ、喜び、セックス、上昇志向、会社の権威や契約成立（ツー・マティーニ・ランチ、すなわちマティーニ2杯を飲みながら贅沢にビジネス・ランチを楽しむ習慣）の象徴だ。しかし同時にマティーニは成熟、教育、洗練、富、都会の価値も反映している。ソヴィエト連邦の共産党第一書記と首相を務めたニキータ・フルシチョフは、マティーニを「アメリカの凶器」と呼んだ(25)。

マティーニを入れるカクテル・グラスを象《かたど》ったネオンサインは、カクテルを意味する世界共通のシンボルだ。V字型のグラスの形が赤い円で囲まれていれば、世界中どこでも「この店ではアルコールが飲める」と解釈される。同じネオンサインに赤い斜線が入っていれば、「アルコールは出さない」という意味になる。

脚の長いV字型のカクテル・グラスに注がれなければ、それはマティーニとは呼べない。マンハッタンもカクテル・グラスに、トム・コリンズは細長いトール・グラスに注がれる。オールド・ファッションドをカクテル・グラスに注ぐことは、パジャマで出勤するほどばかげたことだ。もちろん不可能ではないが、非常識な人間と思われるだろう。カクテル・グラスに注いだオールド・ファッションドも、同じように非常識なのである。

イアン・フレミングのジェームズ・ボンド・シリーズの第1作目『007カジノ・ロワイヤル』［井上一夫訳。東京創元社］が出版されたのは、1953年だ。ボンドが初めてオーダーしたドリンクは、ストレートウイスキーのオンザロックだった。その後、ボンドはバーテンダーの顔を見ながらドリンクをオーダーする。

「ドライ・マティーニを」と彼は言った。「ひとつ。深めのシャンパン・グラスで」

「はい、ムッシュー」

「いや、待ってくれ。ゴードン・ジンを3、ウォッカを1、ベルモット代わりにキナ・リレを2分の1の割合だ。氷のように冷たくなるまでよくシェイクして、それから大きく厚めに切ったレモンの皮を飾るんだ。わかったかい?」

「はい、ムッシュー」バーテンダーはこのアイデアに喜んだようだ。

「なんだか、おいしそうだな」ライターは言った。

ボンドは笑った。「わたしは……なんというか……集中しているときは」と説明を始める。「夕食の前には2杯以上は飲まない。だからその大事な1杯は、とびきり大きくて強くて、冷たくて、うまくつくられたのがいい。ドライ・マティーニをたっぷり飲むのは好きだ。なんでも少ないのは嫌いだ。それで味が悪かったら目も当てられない。このカクテルはわたしの発明だ。いい名前を思いついたら特許を取るよ」

彼は薄い金色の酒が入って露がついた深いグラスをじっくりみつめた。シェイクによってわずかに発泡している。手を伸ばしてゆっくりひと口飲んだ。

「うまい」バーテンに言った。「だが、じゃがいものウォッカじゃなく、穀物でできたウォッカでつくれば、もっとうまくなる[26]」

のちにボンドはその飲み物を「ヴェスパー（たそがれ）」と名付けた。同じ作品の女性登場人物の名前だ。なぜなら「わたしのカクテルが世界中で飲まれる、すみれ色のたそがれ時にふさわしい名前」だからだ。

マティーニは、そろそろアカデミー賞を取ってもいい頃だ。そもそもの始めからハリウッド映画で独特の雰囲気をつくる名脇役を数百回も演じてきたのだから。「或る夜の特ダネ」（1935年）という作品には、カクテルがただの小道具ではないことがよくわかる印象的なシーンがある。クラーク・ゲーブルが左手に持ったカクテル・グラスをコンスタンス・ベネットのカクテル・グラスと合わせ、互いの瞳を深くみつめあう場面だ。ゲーブルは一分の隙もなく、上品そのものだ。対するベネットも、光沢のあるサテンのドレスをまとい、現代風の洗練された女性を好演している[27]。

# 第5章◉カクテル文化

## ◉ノンアルコール・カクテル

19世紀の大半のあいだ、カクテルは夕食前の飲み物ととらえられていた。19世紀末になると、「カクテル」という言葉は、ノンアルコールの夕食前の最初の一杯、あるいは前菜という新たな意味を持った。伝統的カクテルを模したノンアルコールの飲み物や、カクテル・グラスに盛ったフルーツやシーフード等の食べ物だ。１８９７年に出版された『20世紀の料理読本 *The Twentieth Century Cook Book*』には「カキのカクテル」のレシピが掲載されている。著者によると、「ニューヨークの一流クラブのシェフ」が考案したレシピだという[1]。

ノンアルコール・カクテルの人気が高まったのは、１９２０年代のアメリカで繰り広げられた反酒場運動や禁酒運動の影響が大きい。女性扶助協会が教会や社会事業の資金集めのために出した料理本では、独創的なノンアルコール・カクテルのレシピが無数に紹介された。ミックスフルーツ・ドリンクの項目には――「グレーピー・リッキー」のように――一見カクテル風の名前もある。実際は、グレープジュース、ライムジュース、砂糖、ソーダ水を混ぜた飲み物だ。(2)

資金を募るための料理本にレシピを提供した教会の女性たちが、アルコール入りのカクテルは健康にも家庭にも悪影響を及ぼすと考えていたことは明らかだ。神の教えに背くカクテルの刺激をやわらげるため、慈善事業の料理本への寄稿者は、いわゆる「健康的なカクテル」を考え出した。

1938年に出版された『昔ながらのチェシャーのレシピ *Recipes from Old Cheshire*』には、コネチカット州チェシャーの女性が健康的なカクテル2種類のつくり方を提供している。(3)ひとつは、卵黄に砂糖とオレンジジュース、レモンジュースを混ぜた飲み物。もうひとつはプルーンジュース、レモンジュース、牛乳、砂糖でつくる飲み物だ。

健康的なカクテルの意味を広範囲に押し広げたのは、カスター・オイル・カクテルだろう。レシピは1958年にマーブルヘッド病院扶助協会によって出版された。大さじ2杯のひまし油(カスター・オイル)と、タンブラー1杯のオレンジジュース、重曹をよく混ぜて

つくる。(4)

次ページのスティルマン食堂の写真を見てみよう。大きくクラム(ハマグリ)・カクテルと書かれた看板と、その隣には禁酒法のあいだも許可された低アルコールの「ニアビール」の小さな看板が掛かっている。ひょっとするとこれは、ハマグリ以外の何か、たとえば本物のカクテルがこの食堂では手に入ることを常連客に伝える暗号だったのかもしれない。

### ◉フード・カクテル

V字型のカクテル・グラスに盛りつけたシーフード・カクテルや、シャーベット・グラス(脚つきのカクテル・グラスを模したアイスクリーム用のガラスの器)に入れたフルーツ・カクテルは、20世紀のあいだにアメリカのフォーマルなディナーのサイドメニューとしてすっかり定着した。本に掲載されたレシピを見る限り、もっとも人気のフード・カクテルはカキのカクテルだったようだ。殻から出したばかりのカキをカクテル・グラスにいくつか並べ、その上にタバスコで風味付けしたケチャップやウスターソースを少量垂らし、櫛形に切ったレモンを飾る一品だ。

性能のよい冷蔵庫が各家庭に入ったことで、カニの身やハマグリ、調理したエビがシーフー

スティルマンのハマグリ小屋。禁酒法時代はハマグリ以外に密造酒も提供していたかもしれない。

ド料理のレパートリーに加わった。現在アメリカでは、典型的なコースの一品目といえば小エビのカクテル（イギリスならクルマエビのカクテル）と考える人が大半だ。エビ本来の形を活かし、カクテル・グラスの縁からぶら下げるように盛りつける。

こぢんまりとしたレストランや結婚披露宴や家庭では、フルーツ・カクテルが主役だった。ざく切りにした数種類の旬のフルーツに、合成着色料の赤色2号で真っ赤に染めたマラスキーノ・チェリーをひと粒添える。この着色料には発ガン性があるとの疑いから、アメリカではやがて赤色40号が取って代わった［日本では使用は禁止されていない］。もっとも簡単な解決策は着色したチェリーの使用を禁止することだっただろうが、大半の人々の心情として、マラスキーノ・チェリーはカクテルのマンハッタンにとって欠かせないのと同じように、フルーツ・カクテルにとってもなくてはならない存在だったのである。

禁酒法時代には、募金目的の料理本が教会の婦人会によって無数に出版された。その中には、前菜のカクテルや、ノンアルコールのパンチやクーラー、リッキーのレシピも含まれている。非常に信心深い真面目な女性たちが、自分たちも食事や飲み物の流行とまったく縁がないわけではないことを示そうと奮闘したのだろう。もちろん、こうしたパンチやクーラーにはアルコールは入っていなかった。婦人会の女性たちはにっこりほほえみウィンクしながら、教会の料理本にデビルド・エッグ（ゆで玉子の黄身にマヨネーズ等を混ぜて白身に乗せ

1930年代に家電機器メーカーのケルビネーター社が出したレシピ集に掲載された、小エビのカクテルのイラスト。

たもの）、デビルズ・フードケーキ（濃厚なチョコレートケーキ）、そして香辛料たっぷりのデビルド・ハムサンドイッチもさりげなく紛れ込ませた。

◉禁酒法時代

1920年代の禁酒法時代のアメリカでは、男性がバーや宿屋の酒場から閉め出され、「スピークイージー」と呼ばれたもぐり酒場へ追いやられた（スピークイージーとはこっそり話すという意味で、違法な飲み屋の場所を知るために小声で話したことに由来する）。密売人はカナダやメキシコから、そして公海沖に停泊した船から違法な酒を手に入れて、海岸沿いの町に供給した。男たちは、酒が合法的に飲めた時代は女性を近所のバーや酒場へ連れていくことなど考えもしなかったのに、もぐり酒場へは妻やガールフレンドを躊躇なく連れていった。女性たちも午後になるとこっそり家を抜け出して、もぐり酒場に出入りしていたようだ。

犯罪小説で知られる作家エルモア・レナードは、2005年の著書『ホット・キッド』［高見浩訳。小学館。2008年］でカクテルを小道具に使って時代と社会の雰囲気を伝えた。時は禁酒法の全盛期、登場人物のひとりキティは、水着のようなボディスーツ姿でカクテル・ウェイトレスとして働いている。レナードのファンは、彼の綿密な取材に基づく背景設定や細部の描写を高く評価する。たとえばキティがサイドカー（コニャック、オレンジリキュール、レモンジュースのカクテル）を「バーのテーブルにいる3人のやり手らしい青年に、一度に2杯ずつ出す。そうすれば次のオーダーを待つあいだに喉の渇きで死ぬことはないからだ」というシーン(5)。また別のシーンでは、連邦保安官のガールフレンドがトム・コリンズを用意するが、自分用にはチェリーを入れ、保安官のグラスには入れない。このカクテルは現在はあまり人気がないが、第2次世界大戦以前の場面にはうってつけだ。

オレンジを飾ったサイドカー

## ◉カクテル・ラウンジ

1933年に禁酒法が廃止されると、カクテル・ラウンジが人々の社交の場として脚光を浴びるようになった。カクテル・ラウンジとアールデコ様式は、とても相性が良かった。アメリカを代表するホテルでは、バーをアールデコ調に華やかに飾り立て、人々が互いの視線を意識する場所を提供した。こうした部屋には小振りなテーブルや観葉植物が置かれ、庭のような雰囲気をさりげなく醸し出すよう配慮されていた。グランドピアノや細部にこだわった贅沢な調度品も、手厚いもてなしに趣を添えた（ただしこうしたバーは、カクテルを楽しむためには理想的だが、ディナー用としては手狭だ）。

アメリカの首都で一番のホテルと宣伝していたメイフラワー・ホテルのカクテル・ラウンジは、第2次世界大戦直前の典型的なカクテル・ラウンジだった。愛国婦人団体（DAR）の会議の出席者が友人にあてたホテルの絵はがきには、「早くこちらへいらしてください。この美しいバーでカクテルをごいっしょしましょう」と書かれている。

1940年代から50年代に発表されたミステリー小説は、私立探偵や新聞記者を主人公にしたものが多い。みなタフで、カクテルに精通した人物として描かれている。レイモンド・チャンドラーのフィリップ・マーロウや、ダシール・ハメットのサム・スペードが好例だ。

1925年にオープンしたワシントンDCにあるメイフラワー・ホテルのカクテル・ラウンジ

オハイオ州シンシナティのホテル・アームズのマーメイド・ラウンジ（1950年代頃）

こうした小説が映画化されると、主人公は決まってタバコの煙が漂う薄汚い酒場やラスベガスのカジノでカクテル片手にたたずむのだった。

ラスベガスのカジノでは、いまだにカクテル・ウェイトレスに厳しいドレス・コードを設けている。カクテルを出す仕事専門の、「若く、スタイルがよく、笑顔がきれいでやせている」女性を雇い、体のラインがはっきり出るセクシーなユニフォームを着せるのだ。目的はもちろん、男性客を喜ばせ、魅惑的なカジノの幻をいつまでも見せ続けること。彼女たちは、カジノ客に提供される夢や遊びの一部なのである。(6)

## ◉カクテル・パーティーとカクテル文化

一方、カクテルは家でも飲まれていた。20世紀のアメリカでは自宅でのカクテル・パーティーが盛んになった。中流階級は、飲み物や軽いつまみ程度なら自分にも手が届くし、家でも楽しめることに気がついたのだろう。特に、カクテル・パーティーのようなイベントは招待客も少人数に限られ、たいていは5時から8時で終わったからだ。

第2次世界大戦が終結すると、カクテル・パーティーは家で仕事仲間をもてなす方法としてふたたび注目される。上司を自宅に招いてカクテルやディナーを振る舞う話は「アイ・

ロードアイランド州プロヴィデンスにあるシェラトン・ビルトモア・ホテルのカクテル・ウェイトレスの絵はがき。1950年代。

裕福なアメリカ人は、家にバーをつくってカクテルを日常生活に取り入れた。この写真は、カミソリ刃などでで有名なジレット社の元社長の自宅である。フロリダ州。1939年。

ラブ・ルーシー」をはじめとする数多くのアメリカのコメディ番組でしばしば使われた筋書きだ。

夕食前のカクテル・アワーに何を着ていくか、女性たちは悩んだ。ティー・タイムやディナー・タイムのような盛装は、マティーニをすするけだるい午後の時間には野暮ったかった。ここからカクテル・ドレスが誕生し、新たなカクテル文化にふさわしいさまざまな装いが登場した。

1999年、競売商のサザビーズが161点のカクテル関連アイテムを競売にかけた。たくさんのカクテル・ドレス、カクテル・スーツ、カクテル・アンサンブルに混じってオークションの目玉になったのは、マリリン・モンローがジョー・ディマジオとの結婚式で着たカクテル・スーツだ。この白いミンクの襟とラインストーンのボタンがあしらわれた茶色のウールのスーツの予想落札価格は、2万ドルだった。

同じオークションではエメラルドグリーンのバニーガールの衣装も出品された（バスト約90センチ、ウェスト約58センチ、日本サイズの7〜9号）。ウサギの耳としっぽ、シャツのような襟とカフリンク、それにボウタイもセットだ。プレイボーイ・クラブでウェイトレスたちが着ていたユニフォームで、アメリカ特許商標庁にトレードマークとして商標保護された初めてのユニフォームでもある。(7)

結婚直後のマリリン・モンローと夫のジョー・ディマジオ。1954年1月14日。

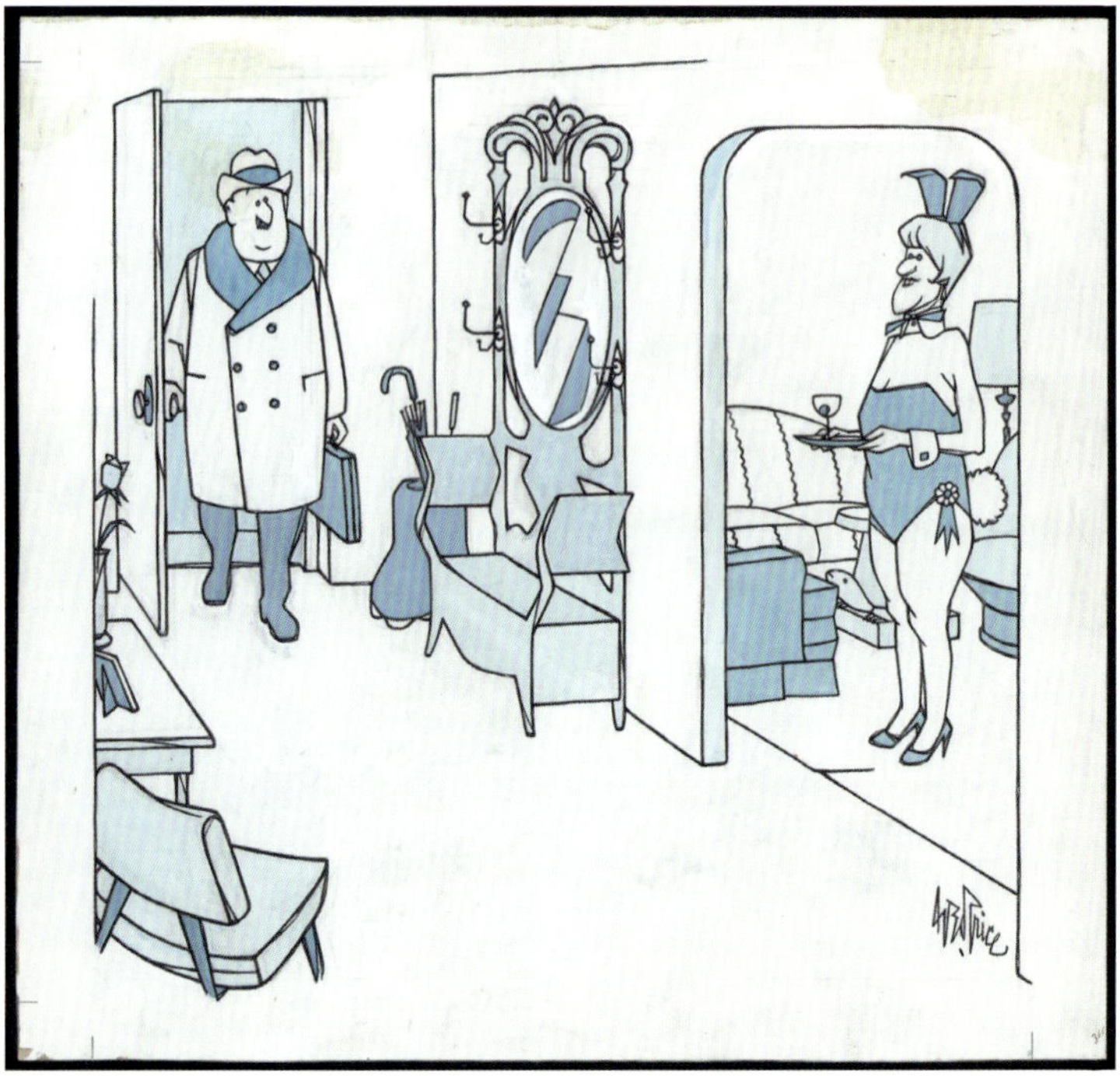

ジョージ・プライスの漫画。1971年頃のニューヨーカー誌より。カクテル・ウェイトレスのユニフォームで「バニー」姿になった妻が飲み物を用意し、帰宅した夫を迎えている。

パーティーを切り盛りする女主人という新たな役割を得た家庭の主婦は、カクテル・ドレスに注目した。膝丈の長さのノースリーブ・ドレスで、ひらひらと翻るその形はVの字を逆さにしたようだ。見ようによっては、カクテル・グラスを逆さにした形とも言える。やがてカクテル・ドレスはシース・ドレスという体にぴったり沿ったベルトのないワンピースに変化し、いまだにすたれていない。

自分は完璧な女主人であるという錯覚を起こさせるカクテル・エプロンを女性たちが発明したのは、1950年代のことだ。カクテル・エプロンは、ひと世代前の女性たちがキッチンで正装のように身に着けていたエプロンとは違い、実用的でも機能的でもなかった。ひだ飾りのついたナイロン製のものが多く、丈も非常に短くとてもきわどかった（カクテル・ドレスのしきたりがあからさまに無視されているのは、カントリー歌手ジミー・バフェットが代表曲マルガリータヴィルを歌うコンサートのドレス・コードだろう。言い換えるなら、ドレス・コードがまったくないということだ。ジミー・バフェットのコンサートへ行くファンはパロット・ヘッズと呼ばれ、とっぴで挑発的で荒唐無稽なカリブ海風の衣装やカクテルで有名である）。

カクテル・パーティーで出される小さな器入りピーナッツは、カクテル・ピーナッツと呼ばれるようになった。同じく指でつまんで食べられるフィンガー・フードは、前菜を意味す

コーネル・キャパ「ニューヨーク、ジョージ・プリンプトンのアッパーイーストサイドにあるアパートメントで開かれた文学カクテル・パーティー」（1963年）

サンディー・スコグランド「カクテル・パーティー」(1992年)。スナック菓子のチーズ・ドゥードルスをエポキシ樹脂に埋め込んだインスタレーション。*The Cocktail Party* © 1992 Sandy Skoglund.

るカクテル・オードブルに名前を変えた。オードブルは、大きなパーティーではユニフォームを着たカクテル・ウェイトレスやウェイターが金銭的余裕のある客のあいだを歩きながら手渡し、慎ましいホーム・パーティーでは女主人が自ら配った。ひとつのルールとして、客はオードブルやカクテルを立ったまま受け取り、その場の人々との交流を楽しむことが求められる。会話がはずむように、カクテル・シンガーやピアノ奏者が心地よい音楽を奏でることもある。

カクテル文化の到来で、オードブルは新たな意味を帯びた。以前は食事の前に出される香辛料をきかせた少量の食べ物だったが、カクテル・パーティーに欠かせない重要な存在になったのだ。『オードブルの本 *A Book of Hors d'Oeuvres*』（1941年）の著者ルーシー・G・アレンもこの傾向に触れ、オードブルは「驚くほどの人気を得て、いまやカクテルとともに出されるようになった」と述べている。[8] 誰が主人役を務めても、オードブルがあればカクテル・パーティーを成功させることができる、なぜなら「想像力と冷蔵庫の中のなにか」さえあればいいのだから、とアレンは指摘する。

さらに、もっとも人気があるのは「カクテル・カナッペ」だと紹介している。カナッペとは、トーストもしくは油で揚げたパンのような硬い食べ物の上に塩気のきいた食材を載せたもので、パンは耳を取り除いて「円形や楕円形、三日月形、ダイヤモンド形、シュロの葉形に切ったもの」と定義した。[9] ひと口分を串に刺したタイプも人気で、カクテルピンが生まれるきっかけになった。

カクテル・パーティーは、たわいのない会話になかなかなじめない人や、友情を長続きさせることができない人々の背中を押した。ニューヨーク・タイムズ紙のレストラン評論家で『ストレートか、オンザロックか *Straight Up or on the Rocks*』の著者ウィリアム・グライムスは、「たいていのカクテル・パーティーは、ほぼ初対面の人々がうわべだけは親しげに集まる場だ」と言い切る。[10]

やがてカクテル・パーティーは、政治家や外交官、ロビー活動家の社交クラブとして定着する。有力者とのコネをつくり、顔を覚えてもらい、資金を調達して関係者を紹介してもらうためには、ワシントンのカクテル・パーティーを渡り歩け、ということだ。企業や政治家のカクテル・パーティーは世界中どこに行っても重要であり、カクテル・パーティー専門のケータリング産業も誕生している。

すべてのカクテル・パーティーがきらびやかというわけではない。1966年に出版されたグレアム・グリーンの小説『喜劇役者』〔田中西二郎訳、早川書房〕の主人公ミスター・ブラウンは、ハイチの首都ポルトープランスに滞在中にそれに気づいた。[11] 彼は、高級とは言いがたいホテルのオーナーなので、「二流の」カクテル・パーティーにしか招待されない。

ジョン・スローン「アートへの渇望」(1939年)。エッチング。

「キャヴィアが出てくる」一流のパーティーに呼ばれるのは、外交官や大使や大臣連中であり、三流のカクテル・パーティーの客はただの「お義理」で参加していた。

1960年代にカウンターカルチャーこと反体制文化の運動が起こると、カクテル・パーティーの人気は徐々に衰退する。しかし、カクテル・パーティーの研究家レスリー・ブレナーによると、1990年代に若者が「カクテル文化の俗っぽい魅力に気づいたために」復活した。[12] それ以来、展覧会やギャラリーのオープニングや、新刊本や新製品の発表の際はカクテル・パーティーが開かれることが一般的になった。重要な会議で座をなごませたり、昇級や退職を祝ったりという役目も担っている。

## ◉カラフルなカクテルと子供向けのカクテル

アメリカの植民地時代、酒を飲んだのはほぼ男性だけだった。アメリカの歴史の大半のあいだ、女性がアルコール飲料を飲むことは制限されてきた。酒場や、アルコール飲料を出す宿屋には、女性は旅のとき以外は行かなかった。バーやサロンに入ると「身持ちが悪い」と誤解される恐れもあった（しかし家ではポートやシェリー、マデイラといったフォーティファイドワインで友人をもてなしたり、健康のために時々ブランデーを飲んだりしていた）。初

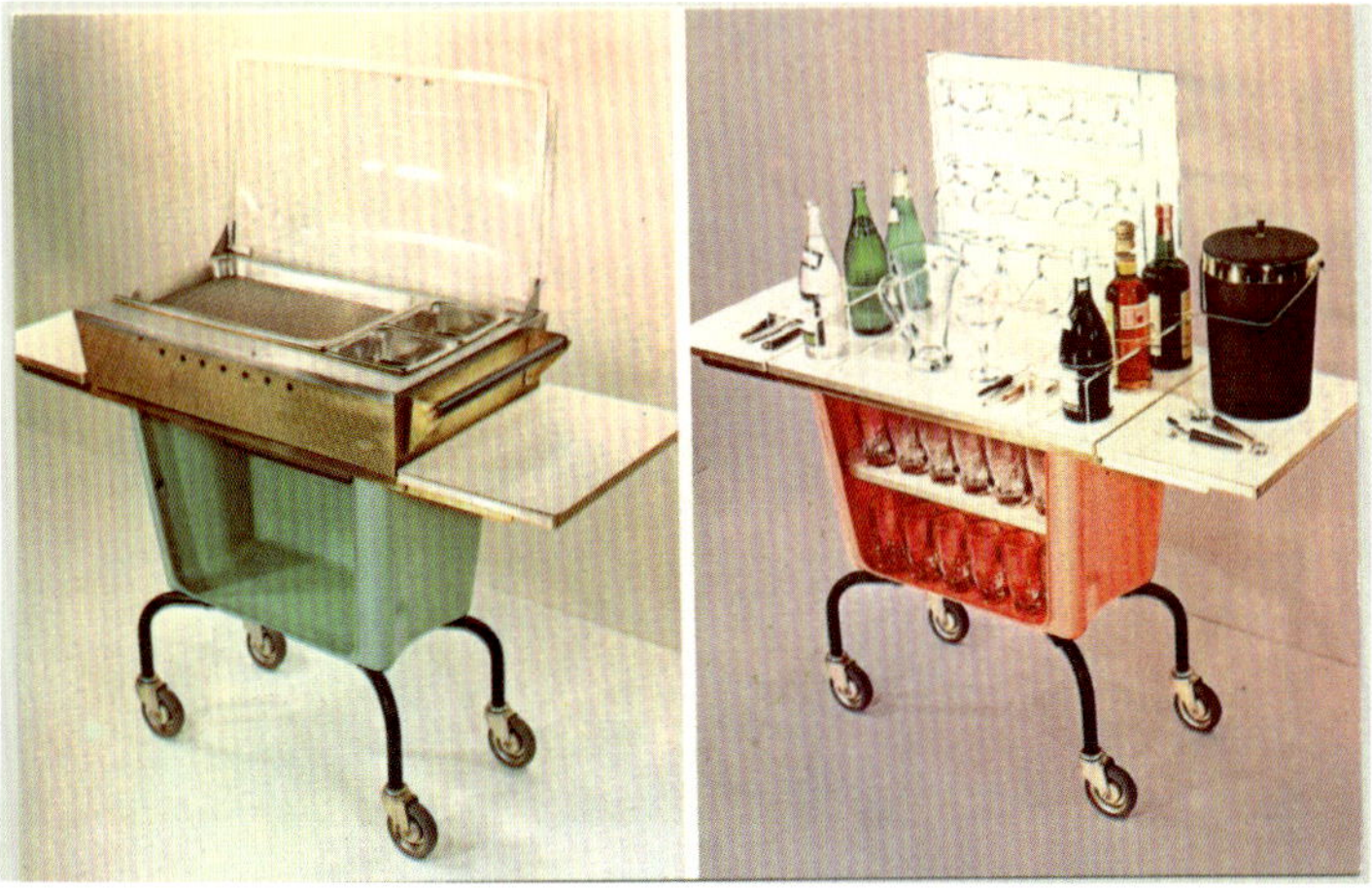

ドリンク・ワゴンの絵はがき。1950年代。

期のカクテルも、性差別がなかったとは言えない。「強い酒」でつくられたカクテルは、男性のための飲み物だったのだ。

女性が初めて強い酒に接したのは、もぐりの酒場やカクテル・パーティーだった。1934年、ニュー・イーラ・イラストレイテッド誌は、女性が以前よりも蒸留酒を飲んでいると指摘した。同誌は、医学会は女性にジンを「推奨している」と述べ、アルコールを飲むことは社会的にも医学的にも間違ってはいないと女性たちを納得させた。さらに、アルコールは「痛風、リューマチ、その他膀胱や腎臓の不調にとてもよく効く」ため、医師も広く処方していた。記事では、「女性たちは長いあいだ、女性ゆえのちょっとした体の不調をいやすために、薬代わりにジンを飲む必要性を認識していた」と結論づけている。[13]

20世紀初頭に考案されたカクテルのほとんどは、見た目の華やかさと女性の味覚を意識してつくられた。例外はあるが、男性は総じて自然な木肌をグラデーションにしたような色のカクテルを好む傾向がある。黒っぽいマホガニーに始まり、メープル、ウォルナットの茶色や黄褐色、そしてブロンド色を経て透明なマティーニにたどりつく。一方、多くの女性が禁酒法時代に酒を飲み始めると、もっとカラフルな飲み物が好まれることがすぐに明らかになった。

この「性別によるカクテルの好みの違い」は、現在も非常に顕著だ。シカゴのソフィテル・

「いかにもケンタッキー人らしい魅力的な男性とミント・ジュレップ。ふたつともほぼ絶滅した過去の遺物」1951年、絵はがき。

左から右へ：ルース・レイ、ドティー・バーグ、ギャリー・オブライエン、ローズ・リー。シカゴ、スティーヴンズ・ホテルで開かれた全米アルコール・コンベンションで、禁酒法廃止を祝って。1935年3月11日。

ウォーター・タワー・ホテルのバーは、「飲み物とイメージ」と銘打ったカクテル・メニューをつくった。「男の」カクテルは「りりしく優雅で、意志が強い飲み物」、片や「女の」カクテルは「とことん華麗で気品がありながらも、複雑なカクテル」と書かれている。作家のダラ・モスコウィッツ・グラムダールは雑誌「グルメ」で、男性がバー・カウンターで「ラズベリー・ウーマンハッタン」をオーダーするには、かなりの勇気と自信が必要だと述べた[14]。ボストンのある雑誌は、相当数のバーテンダーに特定のカクテルをオーダーした客がどのような客か、「ぱっと判断して」印象を聞かせてほしいと依頼した。あるバーテンダーは、コスモポリタンをオーダーするのは「女性ばかりだ」と言い、別のバーテンダーは、そういう女性客は「とてもきちんとした身なりをしている」と証言した。また、「だらしない」服装の人はコスモポリタンを頼まず、ジン・トニックを頼むのは「75パーセントが」男性で、しかも「いかにも男らしい男」だという。マンハッタンに関しては、「女性にマンハッタンをつくることはめったにない」というバーテンダーもいた。別のバーテンダーはもっとそっけなく「あれは男の飲み物」であり、「タフガイ」専用だと話した[15]。

そんな「タフガイ」がカクテルに入れてほしくない最たるものは、カクテル・アンブレラだろう。ただし、カリブ海のビーチやホテルのプール・バーに座っているなら話は別だ。噂によると、このばかげたカクテルの飾りは、1930年代にハリウッドのドン・ザ・ビー

コスモポリタンは、女性の飲み物とみなされることが多い。

マイタイ。このカクテルを考案したのは、ドン・ザ・ビーチコマーとも、トレーダー・ヴィックスとも言われる。

チコマーというポリネシア・レストランで初めて使われたらしい。サンフランシスコのポリネシア・スタイルのレストラン・チェーン、トレーダー・ヴィックスもすぐにこのエキゾチックで陽気なアジアのシンボルを取り入れた。

子供が参加するイベントやレストランで両親がカクテルをオーダーするのを見た子供たちが、その色鮮やかでいかにも大人のための飲み物を欲しがっても不思議ではない。そこで生まれたのがシャーリー・テンプルだ。見た目は本物そっくりだが酒は入っていないカクテル風ドリンクで、子供だけではなく大人にも熱狂的に支持された。にせのカクテルを意味するモック・カクテルをもじってモクテルとも呼ばれるノンアルコール・カクテルは、じつは子供用の飲み物ではない。ノンアルコール・カクテルは、それなりの強さを秘めていなければならず、どんどん飲みたくなるような材料でつくられる必要がある。ボストンのアルコール専門家、ジャクソン・キャノンによると、モクテルも「食前酒と同じように体に刺激を与えるべきである。[16] モクテルにはアルコールが入っていないので、大学が支援するイベントにはうってつけだ（アメリカでは、大半のカレッジの学生が法的に飲酒が認められる年齢に達していないためだ）。また、レストランやウェディング・パーティー等の特別なイベントで出される伝統的な炭酸飲料がモクテルに変われば、ますます人気が高まるだろう。

シャーリー・テンプル

## ◉さまざまな文化の「カクテル」

20世紀になると、カクテルが関係するものすべてが「カクテル〇〇」と呼ばれるようになった。カクテルを飲む人が身に着ける服や宝石も例外ではない（カクテル・ドレス、カクテル・リング等々）。カクテルを飲みながら長々と続く――アルコールの香りと同じように――世間話は「カクテル・カンバセーション」あるいは「カクテル・ウィスパー」と呼ばれた。アメリカの作家イーサン・ケイニンの『アメリカ・アメリカ *America America*』（２００８年）は、大統領選挙に打って出るヘンリー・ボンウィラーの物語だ。上院議員で、欠点の多い大統領候補でもあるボンウィラーは、作中で「カクテル・ウィスパー」という言葉を3度使い、外交官や官僚が集うワシントンの「カクテル・サーキット」ことカクテル・パーティーが他人を中傷する噂話で盛りあがることを強調している。

「カクテル」という言葉を聞くととても力強いイメージが目に浮かぶことから、いつしかカクテルという言葉は、たとえば爆弾のような破壊力のある危険な混ぜ物全般を意味する形容詞として使われるようになった。１９４０年、ワインボトルにガソリンと布の芯を入れた火炎瓶が「モロトフ・カクテル」と名付けられた。旧ソ連の政治家ヴァチェスラフ・モロトフにちなんだ名称だ。モロトフはソ連軍のフィンランド侵攻に際して、ソ連はフィンラン

「モロトフ・カクテル」を投げる訓練をするイギリス攻防市民軍兵士。1940年。

ドに爆弾を落としてはいない、飢えに苦しむフィンランド人のためにパンを落としたのだ、と主張した。これを受けてフィンランド人はソヴィエトの爆弾を冗談交じりに「モロトフのパン籠《かご》」と皮肉り、ソ連軍の戦車を「モロトフ・カクテル」で攻撃して応戦した。爆弾がパンなら、火炎瓶はそれに合わせる飲み物というわけである。(17)

2009年には、ボストンの新聞が1面で「ウィンター・カクテル」が東海岸を襲うとの予報を伝えた。雨やあられや雪が交じった天候をウィンター・カクテルと呼んだのだ。(18)HIV患者が受ける多くの薬物治療は「ドラッグ・カクテル」と呼ばれる。水道水の汚染物質は「有毒カクテル」で、タバコの副流煙もこれと同じだ。研究者は、予防薬のカクテルや抗生物質のカクテルをつくって細菌感染を防ごうとしている。新聞は、死に至る危険性を秘めたアルコールと処方薬の組み合わせを「有害カクテル」と命名した。2008年、ニューヨーク・ポスト紙は、ポップアイドルのブリトニー・スピアーズがウォッカと風邪薬のナイキル、レッド・ブルでつくった「パープル・モンスター」を飲んでから、睡眠薬、鎮痛剤のバイコディン、向精神薬リタリン、胃薬ザンタックを混ぜた「有害カクテル」を飲んだと伝えた。(19)ABCニュースによると、セレブタレントのアンナ・ニコル・スミスは抗うつ剤、抗不安薬、鎮静剤の抱水《ほうすい》クロラール等のドラッグ・カクテルが原因で死亡した。(20)抱水クロラールとは、こっそり飲み物に入れる麻酔液「ノックアウトドロップ」としても知られ、シカゴのあるバーテンダーは常連客の飲み物に入れて酩酊状態にして盗みを働くために使っていた。このような、酒に薬を仕込んで体を衰弱させるカクテルは「ミッキー・フィン」と名付けられた。

## ◉未来のカクテル

カクテルにはどのような未来が待っているのだろう？　国際市場調査会社ミンテルは、モクテルがレストランで大流行するだろうと予想している。たとえば氷で冷やしたレモネードにイチゴピューレ、ジンジャー、つぶしたミントの葉を入れたカクテルのような、より美味で洗練されたノンアルコール・ドリンクの市場が拡大する、と同社は分析する。(21)また、サービス産業の専門家は、ノンアルコール・カクテル以外にもモヒートとカイピリーニャ、それにザクロ・ドリンク、香辛料入りベリー、緑茶やライチのようなアジア風のドリンクも流行すると見ている。(22)

日本では、焼酎という単式蒸留器でつくる飲み物が大いに注目されている。焼酎の原料はサツマイモや大麦、米などだ。醗酵工程では酵母に加えて麹菌（コウジカビ）が使われ、蒸留物は樽や甕《かめ》、タンクなどで熟成される。水を混ぜると「水割り」という一種のカクテルだ。(23)

2003年以降、日本での焼酎消費量は日本酒の消費量を上回っている。(24) バーテンダーたちもこのアレンジ自在な飲み物に間違いなく夢中になるだろう。

当然ながら中国も、国際化に伴っていずれ自国の蒸留酒を使ったカクテルの宣伝に力を入れるだろう。第1の候補は、コウリャン（モロコシ）や小麦からつくる透明な酒、茅台酒《マオタイしゅ》だ。元は外国の要人をもてなす席で出されたが、いまや輸出用に売り込まれているので、茅台酒を使ったカクテルがつぎつぎと生まれることが期待される。中国にはほかにもモロコシからつくる汾酒《フンチュウ》、ブドウとキンモクセイの香りの桂花陳酒《けいかちんしゅ》、ドライアプリコットにアニスがほのかに香るハーブ酒の竹葉青酒《ちくようせいしゅ》があり、どれもバーテンダーに魔法をかけられるのを待っている。(25)

職人が手作りする少量生産の高級蒸留酒や、高価なジンやウォッカ、テキーラ、そしてブラジルのカシャーサやペルーのピスコといった新顔の酒が手に入りやすくなり、バーテンダーにとっても客にとっても、いまやカクテルの可能性は無限大だ。職人仕込みの蒸留酒やビタミンが強化された栄養カクテルが、流行のラウンジで勧められる日も近いかもしれない。(26)

専門家は、健康的で自然な有機栽培の、いわゆるオーガニック食品を求める現在の一般的な潮流は、飲み物にも向かうと予想する。平飼《ひらが》いの地鶏やフェアトレードのコーヒー、持続可能な農業、フードマイレージ——食卓にのぼるまでにその食品が移動してきた距離——に関連する地産地消の必要性といった倫理的議論が、バーでも聞かれるようになった。持続可能な方法で地元でつくられた旬のオーガニック食品を材料にした、環境に良さそうな名前のカクテルがいずれ登場するだろう。[27] シカゴのラテン・アメリカ料理店、ナショナル27は、「ヘルシーなカクテル」と称してオーガニック・ソルトとオーガニック・グリーン・ペッパーを使った「ルック・ベター・ネイキド・マルガリータ」というカクテルを出している。

ふたりのバーテンダーが客からのチップを競う場合、当然ながらスピードや器用さ、知識、そしてカクテルを注ぐときの正確さを向上させようと、互いに腕を磨くことになる。そんなバーテンダーがボトルを曲芸のように投げ上げ、ダンスと見紛うパフォーマンスで客を楽しませたのが、「フレア・バーテンディング」の始まりだった。映画「カクテル」（1988年）では、主役のトム・クルーズが華々しくボトルを翻す場面が話題になり、その後フレア・バーテンディングのコンテストが劇的に増えた。バーテンダーが腕を競う組織的なコンテストはヨーロッパでは長い歴史があり、イギリスで1940年に開催されたコンテストの写真からもそれは証明されている。しかし、アメリカのフレア・バーテンディングの歴史は、1970年代のTGIフライデーズというカジュアル・レストランにさかのぼるのが精一杯だ。ジョン・J・B・バンディは、TGIフライデーズで開催されるバーテンダー・オリンピックの初代チャンピオンで、映画に主演したトム・クルーズの振り付けと指導も担当

映画「カクテル」（ロジャー・ドナルドソン監督、1988年）のスチール写真。主役のトム・クルーズは曲芸のようなフレア・バーテンディングを披露した。

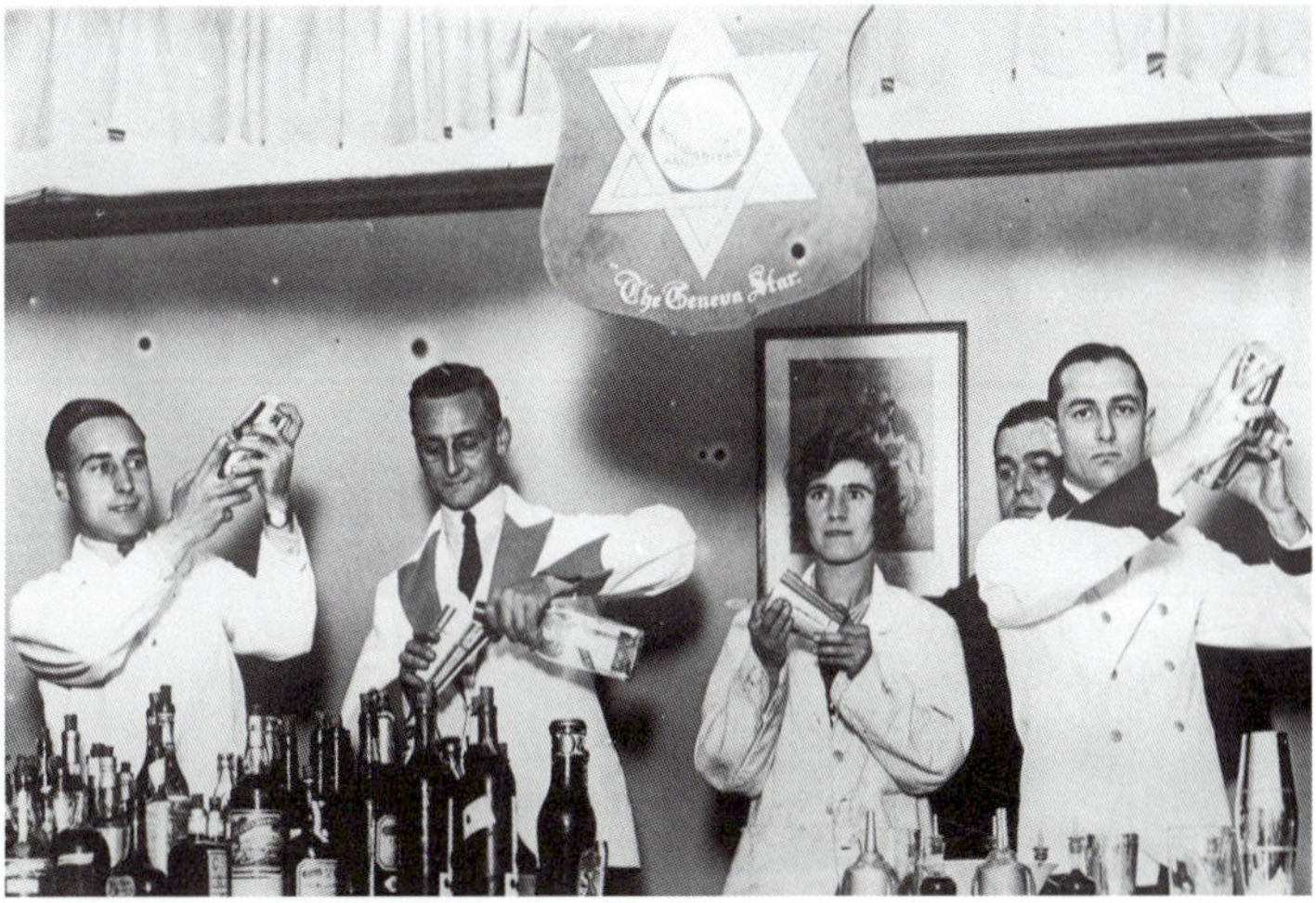


完璧なカクテルを見出すために、インターナショナル・ジュネーヴ・アソシエーションのロンドン本部で開催された国際カクテル・コンテスト。世界各国の達人が腕を競った。

した。

現代の新世代のバーテンダーは「バー・シェフ」と呼ばれる。客の真ん前で地元産の材料でカクテルをつくるシェフのようなバーテンダーだ。材料に選ばれるのは、新鮮なビターズや、職人がつくったオーガニックの蒸留酒だ。この才能あふれるミクソロジスト――カクテル・パフォーマー――は、客を楽しませながら、材料やカクテルが生まれた背景を語って聞かせる。アメリカの高級レストランでは、この気遣いの行き届いた専門的なバーテンダーのサービスを受けられるなら、特別料金を払ってもいいという客が引きも切らない。[28] 飲料の専門誌サンテで記事を担当するジャック・ベザイデンハウトによると、自らの技能と真剣に向きあうバーテンダーは、業界のトップであり続けるために、蒸留酒やカクテルの講習会に参加するという。[29]

もうひとつの流行は、カクテル文化と高級料理の融合だ。レストランの中には、バーテンダーと総料理長が手を組んで、特別コースをつくったところもある。コースの目玉は、バーテンダーが客に「カクテルの歴史にまつわる物語」を話しながら見せるカクテルのデモンストレーションだ。[30] いずれはニューオーリンズのカフェ・アデレード・アンド・スウィズル・スティック・バーで、牛のすね肉の煮込み料理オーソブッコと、バーボン、スイートベルモット、オレンジジュース、ライムジュース、ミントでつくられたダービー・カクテルがいっしょ

ロンドンのマッチ・バーで出されるモダンなカクテル

に出されるかもしれない。

才能豊かなバーテンダーたちは、ミクソロジストと名前を変え、有名シェフに負けず劣らずのスター性を持つ。彼らは世界各地を旅しながら講習会を開き、勉強会で講義をし、同業者とアイデアを交換している。これからは、この新たな世代が独自のカクテルを考案するだろう。手作りのビターズやスクラッチジュースはもちろん、液体窒素まで用いて、カクテルの限界に挑戦するに違いない。(31)

カクテルを注ぐバーテンダー

# 謝辞

本書は、リアクション・ブックスの発行者マイケル・リーマンと、エディブル・シリーズの責任者にして編集長のアンドルー・F・スミスの忍耐力なくしては完成しなかっただろう。アンドルーには、必要なときにプレッシャーにならない程度に励まされ、技術的アドバイスをもらい、いつも「仕事はいつ終わりそうだい？」とたずねられた。

妻のハリエットが編集してくれなければ、原稿はいまだにパソコンの中に取り残されていたに違いない。と、妻はもう15回も言っている。その言葉を一瞬たりとも疑ったことはない。彼女の貢献はとても大きく、共著者として名前を連ねてもいいくらいだ。聖人のような妻を、わたしは心から愛している。

同僚で友人のジェリ・クインジオは、料理史の研究家で受賞歴のあるフードライターだ。原稿の下書きを読んでくれた彼女に、特に感謝したい。彼女の鋭い洞察力が、この本のほぼすべての章で活かされている。ジェリ、ありがとう。すぐにカクテルを飲みに行こう。

非営利団体ヒストリック・ニュー・イングランドにも心からの感謝を。彼らが管理する歴史上重要な家屋のパントリーに掛かっていた19世紀の無名の画家の絵「悪魔の酒」をわたしが発見した際、使用を快諾してくれた。本書のリサーチのいくつかは、マサチューセッツ州セーレムのピーボディ・エセックス博物館のフィリップ・ライブラリーで行なわれた。そこの海運関係の歴史やニューイングランドの生活や文化に関する資料には、世界的に定評がある。本を愛するひとりとして、閲覧室で過ごす時間は喜びだった。追加のリサーチは、ボストン公共図書館とマサチューセッツ州イプスウィッチ公共図書館で行なった。懇切丁寧に手助けしてくれたこれらすべての図書館スタッフにお礼を申し上げたい。みなさんひとりひとりに、乾杯。

# 訳者あとがき

カクテルとは、蒸留酒に果汁や甘味、ビターズと呼ばれる苦味酒を加えたミックス・ドリンクのことである。数種類の材料を混ぜただけなのに、できあがった飲み物は不思議な存在感を放ち、そのたたずまいは独特だ。普段は行きつけの店や自宅で気楽にお酒を飲むという人も、特徴的な形状の美しいグラスに注がれた色鮮やかなカクテルを手にすれば、少し背伸びをして、いつもとは違う特別な場や自分を演出したくなるかもしれない。

そんなカクテルをもっと楽しむための情報が、本書にはたっぷりつまっている。たとえば、「カクテル」の語源については諸説あるが、そのひとつに関係している動物は？　いまや世界中で愛されているカクテルだが、その原形と言われる飲み物が誕生したのはどこの国？「トム・コリンズ」「ピーター・コリンズ」「マイク・コリンズ」「ペドロ・コリンズ」この中で、実際に使われているカクテルの名前はどれ？

知れば知るほど奥深いカクテルの世界。きりりと冷えた一杯から、さまざまな物語が垣間見える。そのグラスの中の氷にさえ、物語はあるのだ。

氷が高価な贅沢品だった時代に、一人の実業家が庶民にも手の届く安価な氷をつくろうと奮闘しなかったら、そして高性能の冷蔵庫が普及しなかったら、いまもカクテルは常温でぬるいまま飲むのが当たり前だったかもしれない。

もうひとつ、カクテルと同時にソーダ水が誕生していなかったら、ハイボールもジンリッキーもバーのメニューに載ることはなかったかもしれない。

このような歴史や時代背景を考えると、偶然の出来事が、カクテル誕生のために用意された必然の出来事だったのではと思えてくる。カクテルが生まれていなければ、人気のハリウッド俳優が華麗にボトルを投げ上げるパフォーマンスをスクリーンで披露することもなければ、スパイ小説に登場するイギリスの諜報員がバーでオリジナルカクテルをオーダーすることもなかった。美しいカクテル・ドレスをまとった女性たちが、ホーム・パーティーをうきうきと切り盛りすることもなかっただろう。カクテルが存在しない世界は、少々寂しく味気ないのではないだろうか。

今日も世界のあちらこちらで、新たなレシピを求めてバーテンダーや愛好家がシェイカーを振り、氷が涼やかな音を立てている。作る人も飲む人も——そしてノンアルコール・カクテルというジャンルによってお酒が苦手な人さえも——魅了してやまないカクテルの世界は、まだまだ広がり続けるに違いない。

本書『「食」の図書館　カクテルの歴史 *Cocktails : A Global History*』は、イギリスの Reaktion Booksが刊行している The Edible Series の一冊である。このシリーズは２０１０年、料理とワインに関する良書を選定するアンドレ・シモン賞の特別賞を受賞した。

最後に、翻訳にあたって原書房の中村剛さん、オフィス・スズキの鈴木由紀子さんに多大な助言をいただいた。この場を借りてお礼申し上げます。

２０１７年５月

甲斐理恵子

## 写真ならびに図版への謝辞

図版の提供と掲載を許可してくれた関係者にお礼を申し上げる。

Photos by the author: pp. 29, 37, 55, 67, 95; author's collection: pp. 13, 43, 44, 94, 97, 130, 132, 136上, 136下, 150, 152, 153 (ACME), 160 (AP Wirephoto), 165下 (Herbert Photos Inc); Bigstock: pp. 62 (Catherine Laurin), 112 (Mark Stout); © The Trustees of the British Museum: pp. 19, 21, 46, 50 51, 69, 148; Dtarazona: p. 122; Courtesy of Historic New England: p. 32; Istockphoto: pp. 79 (Paul Johnson), 104 (3i - media photo), 101 (Hulton Archive), 117 (Jill Chen), 121 (Ivan Mateev), 169 (mediaphotos); Library of Congress: pp. 17, 23, 48, 71, 87, 139, 142; Magnum Photos: p. 144 (Cornell Capa © International Center of Photography); The Match Bar Group, London: p. 167; Raffles Hotels and Resorts: pp. 118; Rex Features: p. 141 (Everett Collection); © 1992 Sandy Skoglund: p. 145; Shutterstock: pp. 6 (Bochkarev Photography), 77 (objectsforall), 109 (LLocQ), 110 (Andre Blais), 134 (Palmer Kane LLC), 156 (Palmer Kane LLC), 158 (Letizia Spanò); Stockxchng: pp. 106, 155 (Christoffer Vittrup Nielsen).

## 世界のカクテル

グローバル化が進む現代の旅行者やビジネスマンは，宿泊施設や食事や飲み物に，「少なくともこれだけは」という水準を求める。それは，目的地がニューヨークであろうとムンバイであろうとハノイだろうと，水洗トイレに温水シャワー，記憶に残る食事ときりりと冷えたマティーニを要求するということだ。

そんな旅行者を受け入れるために，世界中のホテルのバーや，カフェやレストランで，国産の蒸留酒や材料を使った独創的なカクテルが生み出されてきた。しかし，特定の国で考案されたと思われている多くのカクテルが，実際は数千キロも離れた別の国のテーマ・パーティーで新作として，あるいは新たに開店したレストランの看板商品として生み出されていた可能性もある。

自分の文化的価値観や倫理観，あるいは出身国に見合うカクテルをみつけたければ，パソコンでお好みの検索ワード——国名，アルコールの種類等々——で探してみよう。おそらくあなたはその検索結果に驚くことだろう。ここでは，世界各国のカクテルをごく簡単に紹介しよう。

### イタリア

**スグロッピーノ**…プロセッコ（イタリアのスパークリング白ワイン），ウォッカ，フローズン・レモン・シャーベット，ミントの葉

### オーストラリア

**ライチ・カプリオスカ**…ウォッカ，スライスしたライム，つぶしたライチ，パームシュガー

**バリア・リーフ**…コアントロー，アンゴスチュラ・ビターズ，ブルー・キュラソー，バニラアイスクリーム

**サウス・パシフィック**…ジン，ガリアーノ・リキュール，レモネード，ブルー・キュラソー

### 韓国

**フォールン・エンジェル**…ソジュ（韓国の透明な蒸留酒。米からつくられるが，サツマイモが加えられることもある），クレーム・ド・ミント・グリーン（ハッカ入りリキュール），レモンジュース，アンゴスチュラ・ビターズ，マラスキー

ノ・チェリーのガーニッシュ

**キューバ**

**マンゴー・ダイキリ**…ダーク・ラム，オレンジ・キュラソー，ざく切りマンゴー，甘味料，サワーを氷とともにミキサーに入れる。

**スペイン**

**シェリー・ティニ**…ジン，マンサニージャ（スペイン，サンルーカルのシェリー酒）またはフィノ（辛口）シェリー，マンサニージャ・オリーブ

**タイ**

**バンコク・クーラー**…サムソン（タイのウイスキー），クレーム・ド・ミント（グリーン），ライムジュース，グレナデン・シロップ，パイナップルジュース

**中国**

**チャイナ・ブルー**…台湾や日本，中国で人気。ライチ・リキュール，グレープフルーツジュース，ブルー・キュラソー

**日本**

**ブラッシング・ゲイシャ（はにかむ芸者）**…日本酒，ミドリ（メロン・リキュール），マリブ・ストロベリー・リキュール，イチゴのガーニッシュ

**ノルウェー**

**ノルディック・デイム（ノルウェーの貴婦人）**…アクアビット（キャラウェー・シードで風味付けした蒸留酒），クレーム・ド・カカオ（ブラウン），クリーム

**プエルトリコ**

**ピニャコラーダ**…ホワイト・ラムとダーク・ラム，ココナツクリーム，パイナップルジュース，アンゴスチュラ・ビターズを混ぜる。ホイップクリーム，マラスキーノ・チェリー，パイナップル・スライスのガーニッシュ

**ブラジル**

**カイピリーニャ**…カシャーサ（醗酵したサトウキビからつくる），砂糖をまぶ

してつぶしたライム

**ベトナム**

**サイゴン・ガール**…ウォッカ，ミドリ（メロン・リキュール），ブルー・キュラソー，オレンジジュース，レモンジュース

**ファンティーニ**…同量のジンとウォッカ，ニョクマム（魚醤）少々

**南アフリカ**

**エレファント・マッドバス（象の泥風呂）**…ウォッカ，クレーム・ド・カカオ（ブラウン），アマルーラ・クリーム（南アフリカのクリーム・リキュール）

**メキシコ**

**テキーラ・ツイスト**…テキーラ（ブルー・アガベと呼ばれるリュウゼツランからつくる蒸留酒），ライムジュースとオレンジジュース，砂糖，イチゴのガーニッシュ

**ロシア**

**コサック・クラッシュ・マティーニ**…ロシア産ウォッカ，ザクロジュース，ザクロ・シロップ，リモンチェッロ，キンカンのガーニッシュ

# レシピ集

## ◉アブサン・カクテル

トム・ブロック著『理想のバーテンダー *The Ideal Bartender*』より。

ブロックはカクテルのレシピ本を書いた初めてのアフリカ系アメリカ人だ。1917年に出版されたこの本は，2001年にハウリング・アット・ザ・ムーン社によって復刊された。

トム・ブロックは，4半世紀にわたり，セントルイス・カントリー・クラブで腕に磨きをかけ，そこでジョージ・ハーバート・ウォーカーに出会った。第41代アメリカ大統領ジョージ・H・W・ブッシュの祖父にして第43代大統領ジョージ・W・ブッシュの曾祖父である。ウォーカーは，この禁酒法以前のカクテルにまつわる小冊子のはしがきを書いている。

シェーブド・アイス（かき氷）…ミキシング・グラス¾
水…23*ml*
アブサン…23*ml*
アンゴスチュラ・ビターズ…2*ml*
ベネディクティン…小さじ1

1. 材料をよく混ぜる。
2. カクテル・グラスに注ぐ。

……………………………………………

## ◉ブラック・ストライプ

トム・ブロック著『理想のバーテンダー *The Ideal Bartender*』より。

サンタクルーズ・ラムもしくはジャマイカ・ラム…ワイングラス1杯分
糖蜜…大さじ1

1. 材料を小振りのグラスに入れる。
2. ホットで出す場合は1に熱湯を注ぎ，ナツメグをふりかける。
3. アイスで出す場合は，ワイングラス½杯の水を加えてよく混ぜ，シェーブド・アイスを加える。

……………………………………………

## ◉プース・カフェ

チャールズ・ランホーファー著『美食家 *The Epicurean*』（1894年）より。

1. 4種類の異なる色の酒を用意する（例…白いペパーミント・クリーム，緑色のシャルトリューズ，ココア・クリーム，ブランデー）
2. 4種類の酒がくっきりと層になるように，ガラスのタンブラーに注ぐ。ひとつひとつ慎重に，グラスの内壁伝いにゆっくり注ぐと，互いに混ざることがない。

### ◉ジン・リッキー

アメリカで禁酒法が廃止されたのち，酒を好む人々の中には，カクテルという広大な銀河の可能性をすっかり忘れている人もいた。この需要に目をつけて，1930年代には多数のカクテル本が出版され，再燃したカクテル文化への関心に応えた。
1934年，新聞編集者マグナス・ベデンベックは，『飲むべきドリンクは？ *What Shall We Drink?*』を執筆し，アメリカでほぼ忘れられた合法的な飲み物のつくり方を再現した。

以下のレシピは「リッキー」の章からの抜粋。ジン・リッキーは，リッキー一族の中で長らく人気ナンバー1だった。

1. 薄手のゴブレットにお好みの量のアイスキューブまたはクラックドアイスを入れる。
2. 60*ml*のドライ・ジンまたはスイート・ジンを注ぐ。大半の男性はリッキーにはスイート・ジンが好みのようだ。
3. ライムを半分に切ってグラスにジュースを搾り，その後ライムをグラスに落とす。
4. ヴィシーという炭酸ボトルを手に入れ，グラスの縁ぎりぎりまで注げば完成だ！　スプーンで混ぜて，乾杯しよう！
5. もっと強いジン・リッキーがお好みなら，ジンをさらに追加する。

### ◉ミント・ジュレップ

ジュレップとは，バーボン，砂糖，水，アメリカ南部の州原産の生のスペアミントの小枝でつくるカクテルの1ジャンルである。

ロンドンのバーテンダーで『サボイカクテルブック *The Savoy Cocktail Book*』（1930年）の著者ハリー・クラドックによれば，イギリスにミント・ジュレップを持ち込んだのは，船乗り兼作家のキャプテン・フレデリック・マリアットだ。

以下はマーサ・マクロック・ウィリアムズ著『アメリカ南部の料理と飲み物 *Dishes and Beverages of the Old South*』（1913年）に載ったレシピである。

1. 完璧を目指すなら，最高品質の材料をそろえること。特にミントとウイスキーまたはブランデーは重要である。
2. 柔らかく，若い葉の多いミントを選ぶ。茎が長く葉がまばらなものは避ける。葉を破らないように気をつけながら洗って汚れを落とす。
3. 氷の上に布巾を広げ，その上にミントを並べる。
4. ウイスキーまたはブランデーを冷やす。
5. 砂糖と水を保存用のガラス瓶に入れ，外側から氷で冷やす。大きめのゴブレットに冷水を半分，角砂糖4個程度の割合が適量である。
6. 砂糖がすっかり溶けるように，この準備は最低でもカクテルを出す6時間前にすませておくこと。
7. よく冷やしたゴブレットの縁にレモンの皮をこすりつけ，5の砂糖水をコッ

プの半分まで入れ，大さじ1のクラックドアイスを加える。
8. 縁を覆うようにミントの葉を厚く並べる。
9. ゴブレットをトレイに並べ，ウイスキーかブランデー，あるいは両方を注ぎ混ぜる。むらなく混ざるブランド品でつくることが望ましい。
10. 真ん中によく熟したイチゴかチェリー，あるいはレッドピーチのスライスを飾り，すぐに供する。フルーツは彩りのためなので，はぶいても香りは変わらない。昔ながらの出来映えにするためには，ゴブレットにストローではなくスプーンを入れる。
11. 飲むたびにミントの香りがたちのぼり，スプーンや氷がたてる涼しげな音と相まって，気分がリフレッシュすることだろう。

**◉マンハッタン**

チャールズ・ランホーファー著『美食家 *The Epicurean*』（1894年）より。

1. 大きめのグラスに細かく砕いた氷を入れる。
2. グラスの⅓にウイスキーを注ぎ，残りの⅔をベルモットで満たす。
3. ボウカーズ・ビターズを1*ml*入れる。
4. よく混ぜてから漉し，小振りのグラスで出す。

**◉マティーニ**

これは1949年当時の代表的なマティーニのレシピである。ニューヨークのファースト・アベニュー・ワイン・アンド・リカー・コーポレーションが顧客に配った『ぐいっと乾杯——すばらしい飲み物ガイド *Bottoms up...Guide to Pleasant Drinking*』という総合カクテル・レシピ集に掲載された。

1950年代から60年代にかけて，ベルモットとジンの割合は3対2，5対1，8対1へと変化したが，ジンだけを注ぎグラスの縁にほんの少々ベルモットを香らせる辛口（ドライ）に行きついた。

オレンジビターズ…1*ml*
フレンチ・ベルモット…15*ml*
イタリアン・ベルモット…15*ml*
ドライ・ジン…45*ml*

1. クラックドアイスとともに材料を混ぜ，90*ml*のカクテル・グラスに漉しながら注ぐ。
2. オリーブを飾る。

**◉ブランデー，ウイスキー，オランダ・ジンおよびトム・ジン・カクテル**

チャールズ・ランホーファー著『美食家 *The Epicurean*』（1894年）より。

チャールズ・ランホーファーは，ニューヨーク市のデルモニコス・レストランで約34年間シェフを務めた。デルモニコスは，チャールズ・ディケンズやアメリカ大統領アンドリュー・ジョンソン，南北戦争時代

の北軍将軍にしてのちの大統領ユリシーズ・S・グラントら，多くの著名人が訪れた名店だ。1894年，ランホーファーは食事や給仕に関する百科事典のような専門書『美食家 *The Epicurean*』を出版する。

ここで紹介するカクテルのレシピは，彼の不朽の発明だ。

1. ごく細かく砕いた氷を大きめのグラスに入れる。
2. グラスいっぱいにブランデーかウイスキーあるいはオランダ・ジンを注ぐ。
3. ボウカーズ・ビターズを1*ml*，甘味（ガムシロップ）を2*ml*加える。
4. スプーンでよく混ぜて，漉しながら小さめのグラスに注ぐ。
5. トム・ジン・カクテルもつくり方は同じだが，ベースにオールド・トム・ジンを使い，甘味は入れない。

………………………………………………

**◉コスモポリタン**

ベンジャミン・ブラック（アイルランドの作家ジョン・バンヴィルの別名義）の2008年の小説『キツネザル *The Lemur*』の時代設定は，20世紀最後の10年間だ。登場人物のジョン・グラスが，バーにたたずむ愛人のアリソンを発見する。彼女は「赤い飲み物の入った背の高いグラスを持っていた」。その飲み物はコスモポリタンだったのではないだろうか。比較的新しいカクテルで，女性に人気があった。ジョンは，女性らしいコスモポリタンに対応する男性らしい飲み物，ドライ・マティーニをオーダーした。アリソンは彼のカクテルをながめ，「眉をつり上げた」。

つぎのレシピはサルヴァトーレ・カラブレーゼの1997年の著書『飲み継がれるカクテル *Classic Cocktails*』からの抜粋である。

ウォッカ…50*ml*
コアントロー…10*ml*
クランベリージュース…10*ml*
ライムジュース…10*ml*

1. シェイカーに材料を入れ，シェイクする。
2. 漉しながらグラスに注ぎ，ライム皮のツイストを飾る。

………………………………………………

**◉フィッシュ・ハウス・パンチ**

フィッシュ・ハウス・パンチは，アメリカの飲み物についてのレシピ本の中でもっとも賞賛されてきたパンチかもしれない。そして，必ずフィラデルフィアと関連づけて語られている。

このレシピは，フィラデルフィアのM・リチャーズ・マックル大佐の『植民地時代の料理読本 *Colonial Receipt Book*』に寄稿された。フィラデルフィアのペンシルヴェニア大学付属病院支援の資金調達のために，1907年に出版された本である。

1. 4リットルの熱湯に4*kg*の砂糖の塊を入れ，透明なシロップをつくる。
2. レモンジュース2リットルを加える。
3. 充分に冷めたら，ブランデー4リッ

トル，ジャマイカ・ラム2リットル，ピーチ・ブランデー500$ml$を加える。

4. パイナップルが旬の季節なら，スライスして入れる。季節外れなら，オレンジ・スライス数枚かイチゴでもよい。
5. 強いパンチが好みなら，シャンパン4リットルを足し，弱めが好みなら最初の熱湯を8リットルにする。緑茶の葉を入れる人もいるが，わたし個人の意見では，それは忌まわしい行為だ。同じ割合で材料を増減してつくることもできる。

# 注

## 第1章　カクテル誕生

（1） Aristotle, *Materiology*, Bk. II, Ch. II. Quoted in George H. Jackson, *The Medicinal Value of French Brandy* (Montreal,1928), p. 131.
（2） In Tom Standage, *A History of the World in Six Glasses* (New York, 2005), p. 99.
（3） Harvey W. Wiley, *Beverages and Their Adulteration* (Philadelphia, PA, 1919), p. 375.
（4） Ernest L. Abel, 'Gin Lane: Did Hogarth Know about Fetal Alcohol Syndrome?', *Alcohol and Alcoholism*, XXXVI/2 (2001), pp. 131-134.
（5） Jonathan Swift, *Gulliver's Travels* (New York, 1970), p. 219.
（6） William Grimes, *Straight Up or on the Rocks: The Story of the American Cocktail* (New York, 2001), pp. 39-40.
（7） In John Ciardi, *A Browser's Dictionary and Native's Guide to the Unknown American Language* (New York, 1980), p. 84.
（8） In Grimes, *Straight Up or on the Rocks*, p. 42.
（9） Jeri Quinzio, 'Cocktails', in *Encyclopedia of Food and Culture*, ed. Solomon H. Katz, vol. I (New York, 2003), pp. 425-428.
（10） *Samuel Johnson's Dictionary: Selections from the 1755 Work That Defined the English Language*, ed. Jack Lynch (Delray Beach, FL, 2002), p. 112.
（11） Harry Botsford, 'The Genesis and Natural History of the Cocktail', *Cabaret*, I/II (16 March 1956).
（12） Jeri Quinzio, *Of Sugar and Snow: A History of Ice Cream Making* (Berkeley, CA, 2009), p. 122.

## 第2章　カクテルの原形、パンチ

（1） Joseph M. Carlin, 'Punch', in *The Oxford Encyclopedia of Food and Drink in America*, ed. Andrew F. Smith (Oxford, 2004), pp. 332-333.
（2） 'Edward Vernon', Wikipedia, available at http://en.wikipedia.org/wiki/Edward_Vernon, accessed May 2011.
（3） James J. McDonald, *Life in Old Virginia* (Norfolk, VA, 1907), p. 303.
（4） Nicks Wine Merchants, 'Drinking Vessels of Bygone Days', available at www.

nicks.com.au, accessed May 2011.

(5) Joyce W. Carlo, *Trammels, Trenchers, and Tartlets: A Definitive Tour of the Colonial Kitchen* (Old Saybrook, CT, 1982), p. 117.

(6) 'Alcoholic Punch Drink and Recipe', available at www.2020site.org, accessed May 2011.

(7) Elisabeth Seeley, recipe for 'Connecticut Colonial Punch', in Fairfield County Republican Women's Association, *Ye Tercentenary Cook Book* (Fairfield, CT, 1935), p. 9.

(8) Philip Chadwick Foster Smith, *Crystal Blocks of Yankee Coldness*, Wenham Historical Association and Museum, August 1962. Reprinted from Essex Institute Historical collections, July 1961, The Essex Institute, Salem, MA.

(9) *Illustrated London News*, VI (17 May 1845), pp. 315-316, cited in Smith, Crystal Blocks of Yankee Coldness, p. 25.

(10) Wilmer and Smith, *European Times*, 1845, cited in *Smith, Crystal Blocks of Yankee Coldness*, p. 21.

## 第3章　カクテルを育んだアメリカの酒場

(1) Joseph M. Carlin, 'Bars', in *The Oxford Encyclopedia of Food and Drink in America* (Oxford and New York, 2004), pp. 67-69.

(2) Quoted in William Grimes, *Straight Up or on the Rocks: The Story of the American Cocktail* (New York, 2001), p. 60.

(3) Madelon Powers, *Faces Along the Bar: Lore and Order in the Workingman's Saloon, 1870-1920* (Chicago and London, 1998), p. 138.

(4) 同上, p. 86.

(5) William F. Mulhall, 'The Golden Age of Booze', in *Valentine's Manual of Old New York*, ed. H. C. Brown, n.s., no. 7 (New York, 1923).

(6) T. S. Arthur, *Ten Nights in a Bar-room* [1855] (Bedford, MA, 2000), p. 108.

(7) Salvatore Calabrese, *Classic Cocktails* (New York, 1997), p. 7.

(8) Joseph Lanza, 'Set 'em up, Joe', *Esquire*, CXXVII/4 (April 1997), p. 74.

(9) Naren Young, 'Latino All-Stars', *Santé*, XII/2 (March/April 2008), p. 76.

(10) John Doxat, *The World of Drinks and Drinking: An International Distillation* (New York, 1972), p. 148.

(11) John F. Mariani, 'Manhattan Cocktail', in *The Dictionary of American Food and Drink* (New Haven, CT, and New York, 1983), p. 246.

(12) John Burdett, *Bangkok 8* (New York, 2003), p. 273.
(13) Robb Walsh, 'Texas's Margarita Miles', *Saveur*, 112 (July 2008), pp. 52-53.
(14) Mariani, 'Margarita', in *The Dictionary of American Food and Drink*, p. 246.
(15) Bill Ryan, 'Smirnoff White Whiskey - No Smell, No Taste', *New York Times* (Sunday Connecticut Edition), 19 February 1995.
(16) Doxat, *The World of Drinks and Drinking*, p. 123.
(17) 'How the Moscow Mule Changed Cocktail Culture', at www.cocktailatlas.com, accessed February 2012.
(18) Doxat, *The World of Drinks and Drinking*, p. 103.
(19) Calabrese, *Classic Cocktails*, p. 122.
(20) 'Highball', Wikipedia, available at http://en.wikipedia.org, accessed May 2011.
(21) Harvey W. Wiley, *Beverages and Their Adulteration* (Philadelphia, PA, 1919), p. 385.
(22) Paul Clarke, 'Seeing Green: Absinthe is Back - Better than Ever', *Imbibe*, 11 (January/February 2008), p. 34-41.
(23) 'Energy Drink "Cocktails" Lead to Increased Injury Risk, Study Shows', *ScienceDaily*, 4 November 2007, available at www.sciencedaily.com, accessed February 2012.
(24) Erik Lillquist, 'The Top 10 Best Energy Drink Cocktails', *MetroWise*, available at www.metrowize.com, accessed February 2012.

### 第4章　世界に広まるカクテル

(1) Quoted in Barnaby Conrad III, *The Martini: An Illustrated History of an American Classic* (San Francisco, CA, 1995), p. 11.
(2) John Doxat, *The World of Drink and Drinking* (New York, 1971), p. 102.
(3) 'The New Cunard Liner "Aquitania"', *Engineering*, 29 May 1914, p. 73.
(4) The Cunard Passenger Log Book. Season 1902-1903. Royal Mail Twin-Screw Steamer 'Campania', p. 35, both at the Phillips Library, Peabody Essex Museum, Salem, Massachusetts.
(5) Graham Greene, *Brighton Rock* (New York, 2004), p. 65.
(6) SS France Press Release, May 1960, at the Phillips Library, Peabody Essex Museum.
(7) Doxat, *The World of Drink and Drinking*, p. 18.
(8) 同上, pp. 65-66.
(9) Jerry Thomas, *The Bartender's Guide; or How to Mix all Kinds of Plain and Fancy*

*Drinks* (New York, 1876).

(10) Doxat, *The World of Drinks and Drinking*, p. 74.

(11) David A. Embury, *The Fine Art of Mixing Drinks* (New York, 1958), p. 118.

(12) Salvatore Calabrese, *Classic Cocktails* (New York, 1997), p. 104.

(13) Arrigo Cipriani, *The Harry's Bar Cookbook* (New York, 1991), pp. 13-17.

(14) Christopher B. O'Hara, *The Bloody Mary: A Connoisseur's Guide to the World's Most Complex Cocktail* (New York, 1999), pp. 2-5.

(15) 引用同上, p. 100.

(16) The Woman's Union, *First Presbyterian Church Cook Book* (Kittanning, PA, 1941), p. 8.

(17) Yoko Ogawa, *The Housekeeper and the Professor* (New York, 2009), p. 169.

(18) Doxat, *The World of Drink and Drinking* (New York, 1971), p. 44.

(19) O'Hara, *The Bloody Mary*, p. 75.

(20) 'Bloody Mary', at http://en.wikipedia.org, accessed February 2012.

(21) 'Caesar Cocktail', at http://en.wikipedia.org, accessed February 2012.

(22) 'Singapore Slings', *Oh Gosh*, available at www.ohgo.sh, accessed May 2011.

(23) 'Thomas Davey', Wikipedia, available at http://en.wikipedia.org, and 'An Explosive Cocktail', at www.OldFoodie.blogspot.com.

(24) Lacey Griebeler, 'Latin Libations', *Chef*, LII/4 (April 2008), p. 17.

(25) Quoted in Conrad, *The Martini*, p. 11.

(26) Lisa Shea, 'The James Bond Martini Recipe - Casino Royale, at www.bellaonline.com, accessed 9 January 2008.

(27) Tobias Steed and Ben Reed, *Hollywood Cocktails* (Minocqua, WI, 1999), pp. 16-17.

## 第5章　カクテル文化

(1) Maud C. Cooke, ed., *The Twentieth Century Cook Book* (New York, 1897), p. 86.

(2) The Woman's Union, *First Presbyterian Church Cook Book* (Kittanning, PA, 1941), p. 143.

(3) The Cheshire Women's Club, *Recipes from Old Cheshire* (Cheshire, CT, 1938), p. 103.

(4) The Marblehead Hospital Aid Association, *Sea Fare* (Marblehead, MA, 1958), p. 20.

(5) Elmore Leonard, The Hot Kid (New York, 2005), pp. 191 and 264.

(6) Ann C. McGinley, 'Babes and Beefcake: Exclusive Hiring Arrangements and Sexy Dress Codes', *Duke Journal of Gender Law and Policy*, XIV (2007), pp. 257-283.
(7) Sotheby's, *Cocktails*, sale catalogue 7409, 30 September 1999.
(8) Lucy G. Allen, *A Book of Hors D'Oeuvres* (New York, 1941), p. 4.
(9) 同上, p. 15.
(10) William Grimes, *Straight Up or on the Rocks: The Story of the American Cocktail* (New York, 2001), p. xv.
(11) Graham Greene, *The Comedians* (London, 1967).
(12) Leslie Brenner, 'Cocktail Party', in *Encyclopedia of Food and Culture*, ed. Solomon H. Katz (New York, 2003), vol. I, pp. 424-425.
(13) John Doxat, *The World of Drinks and Drinking: An International Distillation* (New York, 1971), p. 103.
(14) Dara Moskowitz Grumdahl, 'The Cocktail Gender Divide', *Gourmet*, 15 November 2007, available at www.gourmet.com, accessed May 2011.
(15) Heather Bouzan, 'Judgment Day - Local Bartenders Share What They're Really Thinking When You Order that Drink', Stuff@Night (Boston), 29 January 2008.
(16) Quoted in Allison Perlik, 'Mock Trials', *Restaurants and Institutions*, CXIX/1 (January 2009), pp. 41-42.
(17) 'Molotov Cocktail', Wikipedia, available at http://en.wikipedia.org, accessed May 2011.
(18) 'Winter Cocktail Hits the Hub', *Metro* (Boston), 29 January 2009, pp. 1, 3.
(19) Caroline Zimmerman, 'Britney Downed Toxic Cocktail Pre-Meltdown', *newser*, 7 January 2008, available at www.newser.com, accessed May 2011.
(20) Chris Francescani, 'Anna Nicole Smith's Final Drug Cocktail Ruled "Accidental Overdose"', 26 March 2007, available at http://abcnews.go.com, accessed May 2011.
(21) Mintel International Group Press Release, 'Mintel Serves Up Restaurant Menu Trends for the New Year', Chicago, 9 January 2008, at www.mintel.com, accessed February 2012.
(22) 'Emerging Food Trends', *Catersource*, VI/1 (January 2008), pp. 20-21.
(23) Robert J. Benes, 'Shochu (show-chew)', *Chef*, LI/10 (October 2007), p. 14.
(24) At www.theshochu.com, accessed February 2012.
(25) At www.chinesemuurhilversum.nl, accessed February 2012.
(26) A. Elizabeth Sloan, 'What, When, and Where America Eats', *Food Technology*,

LXII/1（January 2008）, p. 27.

（27）Allison Perlik, 'Pour it On', *Restaurants & Institutions*, CXVIII/1（January 2008）, p. 56.

（28）'2009: A Year for Discovery and Value', *Santé*, XIII/1（29 January 2009）, p. 11.

（29）同上。

（30）'Cocktail Culture Meets Fine Dining', Restaurants and Institutions, CXVIII/13（15 March 2008）.

（31）'2008: Welcoming Choice, Value, and Service', *Santé*, XII/1（January 2008）, p. 7.

ジョセフ・M・カーリン（Joseph M. Carlin）
『現代栄養学 *Nutrition Today*』誌の記事を担当。マサチューセッツ大学ボストン校のオッシャー生涯学習機関プログラムで食物史を教えている。

甲斐理恵子（かい・りえこ）
翻訳者。北海道大学卒業。おもな訳書にイアン・ミラー『「食」の図書館　水の歴史』，エリカ・ジャニク『「食」の図書館　リンゴの歴史』（以上，原書房），ティム・マーシャル『恐怖の地政学』（さくら舎）などがある。

「食《しょく》」の図書館《としょかん》

**カクテルの歴史《れきし》**

●

2017年5月24日　第1刷

**著者**……………ジョセフ・M・カーリン
**訳者**……………甲斐理恵子《かいりえこ》
**装幀**……………佐々木正見
**発行者**……………成瀬雅人
**発行所**……………株式会社原書房

〒160-0022 東京都新宿区新宿 1-25-13
電話・代表 03(3354)0685
振替・00150-6-151594
http://www.harashobo.co.jp

**印刷**……………新灯印刷株式会社
**製本**……………東京美術紙工協業組合



ISBN 978-4-562-05404-6, Printed in Japan